ロシア語
スピーキング

渡辺克義
ヴァレリー・グレチュコ

Слушайте и говорите по-русски!

SANSHUSHA

トラック対応表

Track		ページ
1	ロシア語の文字と発音	10
2	ウォーミングアップ	14

Часть 1.
Track		ページ
3	① Ступéнь1	16
4	① Ступéнь2	18
5	① 応用表現	18
6	② Ступéнь1	22
7	② Ступéнь2	24
8	② 応用表現	24
9	③ Ступéнь1	28
10	③ Ступéнь2	30
11	③ 応用表現	30

Часть 2.
Track		ページ
12	① Ступéнь1	38
13	① Ступéнь2	40
14	① 応用表現	40
15	② Ступéнь1	44
16	② Ступéнь2	46
17	② 応用表現	46

Часть 3.
Track		ページ
18	① Ступéнь1	54
19	① Ступéнь2	56
20	① 応用表現	56
21	② Ступéнь1	60
22	② Ступéнь2	62
23	② 応用表現	62

Часть 4.
Track		ページ
24	① Ступéнь1	70
25	① Ступéнь2	72
26	① 応用表現	72
27	② Ступéнь1	76
28	② Ступéнь2	78
29	② 応用表現	78
30	③ Ступéнь1	82
31	③ Ступéнь2	84
32	③ 応用表現	84

Часть 5.
Track		ページ
33	① Ступéнь1	92
34	① Ступéнь2	94
35	① 応用表現	94
36	② Ступéнь1	98
37	② Ступéнь2	100
38	② 応用表現	100

Часть 6.
Track		ページ
39	① Ступéнь1	108
40	① Ступéнь2	110
41	① 応用表現	110
42	② Ступéнь1	114
43	② Ступéнь2	116
44	② 応用表現	116
45	③ Ступéнь1	120
46	③ Ступéнь2	122
47	③ 応用表現	122

Часть 7.
Track		ページ
48	① Ступéнь1	130
49	① Ступéнь2	132
50	① 応用表現	132
51	② Ступéнь1	136
52	② Ступéнь2	138
53	② 応用表現	138
54	③ Ступéнь1	142
55	③ Ступéнь2	144
56	③ 応用表現	144

Часть 8.
Track		ページ
57	① Ступéнь1	152
58	① Ступéнь2	154
59	① 応用表現	154
60	② Ступéнь1	158
61	② Ступéнь2	160
62	② 応用表現	160

Часть 9.
Track		ページ
63	① Ступéнь1	168
64	① Ступéнь2	170
65	① 応用表現	170
66	② Ступéнь1	174
67	② Ступéнь2	176
68	② 応用表現	176

はじめに

　学習している外国語で初めてネイティブに話しかけ，話が通じた時の喜びはここに改めて記すまでもありません。さらに学習が進み，相手の言っていることが理解できる経験も増えてくると，もう言葉の勉強が楽しくてやめられません。

　本書はロシア語学習が最初歩の方から，すでにある程度学んで，易しい会話なら不自由しない程度の方まで，幅広い読者層を想定しています。

　スキットでは，主人公の上原リカがロシアに短期滞在する際に遭遇するさまざまな場面が描かれます。用いられる表現は，初級から中級にかけて習得しておきたい語彙と表現からなっています。学習者の方はすべての語彙とセンテンスを記憶するようにしてください。

　言葉の学習では繰り返しが肝要です。付属のCDを何度も聴き，また何度もご自分で口に出して言ってみてスピーキングの練習をしてください。

　ロシア語は決して易しい言語とは言えませんが，本書終了後はロシア語がかなり滑らかに口をついて出てくることと思います。努力は必ず報われます。

　では，早速勉強を始めましょう。

著　者

　本書は『ドイツ語スピーキング』（三宅恭子，ミヒャエラ・コッホ共著）のコンセプトをもとに執筆されています。三宅恭子，ミヒャエラ・コッホ両氏に衷心より謝意を表します。

ОГЛАВЛЕ́НИЕ

本書の構成と使い方　06
ロシア語の文字と発音　10
ウォーミングアップ　14

Часть 1.　В аэропорту́　空港で ･････････････････ 15
1　Поса́дка на самолёт　搭乗手続き ･････････････ 16
2　Па́спортный контро́ль　入国審査 ････････････ 22
3　Получе́ние багажа́　荷物の受け取り ･･････････ 28
　文法　名詞の性　名詞の格変化① ･･････････････ 36

Часть 2.　В гости́нице　ホテルで ･････････････ 37
1　Регистра́ция　チェックインする ････････････ 38
2　Вы́писка из гости́ницы　チェックアウトする ･･･ 44
　文法　名詞の格変化② ･･････････････････････ 52

Часть 3.　По́езд　列車 ･･････････････････････ 53
1　На вокза́ле　駅で ･･･････････････････････ 54
2　В по́езде　車内で ･･･････････････････････ 60
　文法　名詞の格変化③ ･･････････････････････ 68

Часть 4.　В го́роде (1)　街で (1) ･･･････････ 69
1　На по́чте　郵便局で ･･････････････････････ 70
2　В ба́нке　銀行で ････････････････････････ 76
3　В театра́льной ка́ссе　劇場のチケット売り場で ･･･ 82
　文法　形容詞の格変化① ････････････････････ 89

Часть 5.　В го́роде (2)　街で (2) ･･･････････ 91
1　Пое́здка на такси́　タクシーに乗る ･･････････ 92
2　Доро́га　道を尋ねる ･･････････････････････ 98
　文法　形容詞の格変化②　代名詞の格変化① ･･･ 105

Часть 6. В ресторáне レストランで 107

1. **Закáз** 注文 108
2. **Оплáта** 支払い 114
3. **В кафé** カフェで 120
   - 文法 代名詞の格変化② 127

Часть 7. Покýпки 買い物 129

1. **В магазѝне одéжды** 衣料品店で 130
2. **В магазѝне кóжаной галантерéи** 革製品の店で 136
3. **В супермáркете** スーパーマーケットで 142
   - 文法 代名詞の格変化③ 150

Часть 8. Встрéча 人と会う 151

1. **В гостя́х** 訪問 152
2. **Расскáз о себé** 自分について話す 158
   - 文法 動詞の変化① 166

Часть 9. Трýдные ситуáции トラブル 167

1. **В полѝции** 警察署で 168
2. **В больнѝце** 病院で 174
   - 文法 動詞の変化② 182

付録 183

個数詞　年号　時刻　順序数詞　月　曜日　季節　天気　方角　身体の部位　形容詞・副詞

本書の構成と使い方

本書は9つの章に分かれています。ロシアを旅行する際に遭遇するさまざまな場面をテーマにして構成されており，各章はさらに2～3の場面に分かれています。

Часть 1.　В аэропорту́　空港で
Часть 2.　В гости́нице　ホテルで
Часть 3.　По́езд　列車
Часть 4.　В го́роде (1)　街で (1)
Часть 5.　В го́роде (2)　街で (2)
Часть 6.　В рестора́не　レストランで
Часть 7.　Поку́пки　買い物
Часть 8.　Встре́ча　人と会う
Часть 9.　Тру́дные ситуа́ции　トラブル

　各場面の会話は使用頻度の高いフレーズや文で構成してあります。全場面の会話はイラスト表示されており，イラストを見ることにより，情景をイメージしながら学習できるよう工夫しました。一場面は6ページの見開き構成で，（Ступе́нь1），（Ступе́нь2），訳＆情報コーナーの3つの部分から成っています。

　（Ступе́нь1）にはイラストと全テキストが記載されています。テキストを見ながら会話の流れを理解するとともに，CDを繰り返し聴き，シャドーイングを行うことにより，スピーキングの練習も出来るようになっています。特に重要なフレーズや文は「キーフレーズ」のコーナーを見ながら重点的に学習できるようにしました。内容の確認がしたい場合は，各場面の5ページ目にある日本語訳を見てください。

　（Ступе́нь2）は（Ступе́нь1）とまったく同じ場面・会話・イラストですが，主人公の台詞が空欄になっています。CDの方も主人公の台詞はポーズになっているので，役になりきって，実際の旅の場面をイメージしながらスピーキングの練習をしてみましょう。机の前だけでなく，車や電車の中でもCDを聴いて，繰り返し練習をしてください。

　テキストで使用した表現以外にも各場面で使用されることが多いフレーズや文については「応用表現」のコーナーにまとめてあります。CDのポーズの部分を応用表現のフレーズを用いたり，自分の表現で言ってみれば，さらにスピーキング力の強化につながります。

5ページ目には，(Ступéнь1) の訳を掲載してあります。確認用に利用してください。

　6ページ目には，各場面の背景知識として役立つ情報を「知ってお得なロシア情報」にまとめてあります。ロシアの文化や習慣に関する豆知識は，背景知識として会話の理解につながります。

　テキスト以外の単語で，各場面に必要な単語は「ボキャブラリー」としてまとめてあります。語彙力を広げて，その語彙を用いて (Ступéнь2) の応用練習をしてもいいでしょう。

　各章の終わりには特に重要であると思われる単語をイラスト辞典としてイラスト表示しました。文字のみによって単語を学習するよりも絵と文字の両方で単語を学習したほうが記憶成績がよくなるという研究結果があります。イラストを楽しみながら，語彙力の強化に役立ててください。

　イラスト辞典の次のページには，その章で学習した文法事項がわかりやすくまとめてあります。丸暗記も時には大切ですが，必要に応じて各場面で使われている文法を再確認すると，会話の流れの理解が深まり，よりスムーズにスピーキングができるようになります。

　CDはネイティブスピーカーが吹き込みを行いました。発音やイントネーションをできるだけ忠実に再現できるようになるまで練習をしてください。

シャドーイングとは？

　シャドーイングとは，聴こえてくる音声をほぼ同時に口頭で繰り返す練習法です。シャドーイング（shadowing）とは，影＝shadowのように音声を追いかけるという意味です。

　聴こえてくる音声をそっくりそのまま真似をするよう心がけましょう。そっくりそのまま真似をすることによって，ネイティブの音声のリズムやイントネーション，区切りやポーズの置き方も学習します。だいたい0.5秒くらいあとを追う感じで行ってください。

　まずは文章を見ながら，シャドーイングを行います。言いにくい部分やつっかえてしまう部分は繰り返し練習し，CDと同じスピードで音読できるようにしましょう。次に文章を見ないでシャドーイングを行います。CDの音声を完璧にシャドーイングできるようになるまで何度も繰り返し練習しましょう。

使い方例

ステップ 1

イメージする

→ Ступе́нь1 のイラストを眺め，どんな場面かを想像してみましょう。このときテキストは読まないでください。

想像する

→ 各場面の説明を読み，会話の流れを理解しましょう。訳は Ступе́нь2 の後に掲載してありますが，なるべく見ないでチャレンジしましょう。

CDを聴く

→ まずはテキストを見ないでCDを聴きます。

キーフレーズ

→ キーフレーズを見ながら，重要表現を学習します。

印をつける

→ 次にテキストを見ながらCDを聴き，キーフレーズで学習したフレーズに印をつけます。

発音する

→ CDを手本に繰り返し発音しましょう。上手に発音できるようになったらシャドーイングをします。CDの音声を完璧にシャドーイングできるようになるまで，何度も繰り返し練習しましょう。

さらに発音する

→ 今度はテキストなしで発音してみましょう。

ステップ 2

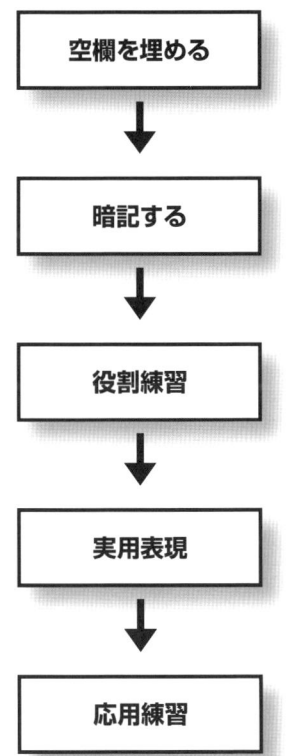

CDを聴きながら，空欄になっている箇所（リカの台詞）を書き込んでみましょう。

リカの台詞を暗記しましょう。

リカになったつもりで，CDを聴きながら発話してみましょう。テキストで空欄の箇所はCDでもポーズになっています。

応用表現を覚えて，表現の幅を広げましょう。

CDを聴きながら，空欄の箇所を応用表現やボキャブラリーと入れ替えて練習しましょう。それに慣れたら，今度は自分のオリジナルの文章を作ってスピーキングしてみましょう。

ロシア語の文字と発音

1 アルファベット　　　　　　　　　　　　　　　Track 1

33の字母からなり，それぞれに大文字と小文字があります。

大文字	小文字	名称	大文字	小文字	名称
А	а	[á]	Р	р	[ér]
Б	б	[bé]	С	с	[és]
В	в	[vé]	Т	т	[té]
Г	г	[gé]	У	у	[ú]
Д	д	[dé]	Ф	ф	[éf]
Е	е	[jé]	Х	х	[xá]
Ё	ё	[jó]	Ц	ц	[tsé]
Ж	ж	[ʒé]	Ч	ч	[tʃ'é]
З	з	[zé]	Ш	ш	[ʃá]
И	и	[í]	Щ	щ	[ʃ'ʃ'á]
Й	й	[i krátkəjə]	Ъ	ъ	[t'v'órdɨj znák]
К	к	[ká]	Ы	ы	[ɨ]
Л	л	[él]	Ь	ь	[m'áxk'ij znák]
М	м	[ém]	Э	э	[é]
Н	н	[én]	Ю	ю	[jú]
О	о	[ó]	Я	я	[já]
П	п	[pé]			

2 母音

- а [a] 日本語の「ア」の要領で発音。
- я [ja] а [a] の前に短い「イ」を入れて，「ヤ」のように発音。
- э [e] 日本語の「エ」の要領で発音。
- е [je] э [e] の前に短い「イ」を入れて，「イェ」のように発音。
- и [i] 日本語の「イ」の要領で発音。
- ы [ɨ] 日本語の「イ」の口構えで「ウ」を発音。
- о [o] 日本語の「オ」よりも唇を丸め，突き出すようにして発音。
- ё [jo] о [o] の前に短い「イ」を入れて，「ヨ」のように発音。
- у [u] 日本語の「ウ」よりも唇を丸め，突き出すようにして発音。
- ю [ju] у [u] の前に短い「イ」を入れて，「ユ」のように発音。

3 子音

с	[s]	日本語の「サ」「ス」「セ」「ソ」の子音とほぼ同じ。
з	[z]	с [s] の有声音。
т	[t]	日本語の「タ」「テ」「ト」の子音とほぼ同じ。
д	[d]	т [t] の有声音。
п	[p]	日本語の「パ」「プ」「ペ」「ポ」の子音とほぼ同じ。
б	[b]	п [p] の有声音。
к	[k]	日本語の「カ」「ク」「ケ」「コ」の子音とほぼ同じ。
г	[g]	к [k] の有声音。
ф	[f]	英語の *five* の *f* とほぼ同じ。
в	[v]	ф [f] の有声音。
ш	[ʃ]	英語の *shake* の *sh* とほぼ同じ。
ж	[ʒ]	ш [ʃ] の有声音。
х	[x]	к [k] を発音する時のように，後舌部を軟口蓋に近づけ，強く息を出して発音。
ц	[ts]	日本語の「ツ」の子音とほぼ同じ。
ч	[tʃ']	日本語の「チ」の子音に近い音。
щ	[ʃʲʃʲ]	ш [ʃ] の場合より舌を奥に引き，ш を長めにするようなつもりで発音。
м	[m]	日本語の「マ」「ム」「メ」モ」の子音とほぼ同じ。
н	[n]	日本語の「ナ」「ヌ」「ネ」「ノ」の子音に近いですが，舌先を上の歯の裏にしっかりと付けて発音します。
л	[l]	英語の *light* の *l* とほぼ同じ。
р	[r]	舌先を数回震わせて発音。
й	[j]	短い「イ」。日本語の「ヤ」「ユ」「ヨ」の子音とほぼ同じ。

4 ь と ъ

ь — この文字は，直前の子音が軟子音として発音されることを示すもので，単独の音価はありません。軟子音は，舌の中央部を口蓋に向けて持ち上げて発音される子音です（軟子音は発音表記する場合，[']のように表します）。例えば，п [p] は硬子音ですが，これに対して пь [p'] は，п の口構えのまま舌の中央部が口蓋に向けて高められて発音されます。

▣ день [d'en'] 一日

правильно [práv'il'nə] 正しく

「硬子音＋軟母音（я, е, и, ё, ю）」という組合せでも，硬子音は軟子音として発音されます。上例の де [d'e], ви [v'i] の部分がそうです。

11

ъ — この文字は，子音と軟母音（я, е, и, ё, ю）を分けて（連続させずに）発音することを示すもので，単独の音価はありません。

例 сел [s'el] 座った
　 съел [sjel] 食べた

5 アクセント

ロシア語の単語には原則としてどこか一ヵ所にアクセントが置かれます。アクセントのある母音は，強く，長めに，はっきりと発音されます。

母音字母の a, o は，アクセントのある音節の直前では [a] として，その他の音節では [ə] として発音されます。

例 кómната [kómnətə] 部屋
　 oнá [aná] 彼女
　 пáспорт [páspərt] パスポート

アクセントのない音節の e, я は и のように，語頭では йи のように発音されます。

例 япóнец [jipón'its] 日本人男性
　 яйцó [jijtsó] 卵

本書では利用者の便宜を考えて単語にアクセントが施してありますが，通常ロシアの刊行物などにはこのようなアクセント記号は見られません。ё も е と書かれます。

6 子音の同化

語末の有声子音，無声子音の前の有声子音は，対応する無声子音として発音されます。

例 клуб [klup] クラブ
　 юбка [júpkə] スカート

有声子音の前の無声子音は，対応する有声子音として発音されます。

例 вокзáл [vagzál] 駅
　 сдáча [zdátʃə] 釣銭

ただし，в の前では有声音とはなりません。

例 твой [tvój] 君の

7 正書法の規則

г, к, х, ж, ч, ш, щ の後には ы, ю, я とは書けず，и, у, а と書きます。また，ц の後では я, ю とは書けず，а, у と書きます。

8 日本語のロシア語転写表記

ア	а	イ	и	ウ	у	エ	э	オ	о
カ	ка	キ	ки	ク	ку	ケ	кэ	コ	ко
サ	са	シ	си	ス	су	セ	сэ	ソ	со
タ	та	チ	ти	ツ	цу	テ	тэ	ト	то
ナ	на	ニ	ни	ヌ	ну	ネ	нэ	ノ	но
ハ	ха	ヒ	хи	フ	фу	ヘ	хэ	ホ	хо
マ	ма	ミ	ми	ム	му	メ	мэ	モ	мо
ヤ	я			ユ	ю			ヨ	ё
ラ	ра	リ	ри	ル	ру	レ	рэ	ロ	ро
ワ	ва								
ン	н								
ガ	га	ギ	ги	グ	гу	ゲ	гэ	ゴ	го
ザ	дза	ジ	дзи	ズ	дзу	ゼ	дзэ	ゾ	дзо
ダ	да	ヂ	дзи	ヅ	дзу	デ	дэ	ド	до
バ	ба	ビ	би	ブ	бу	ベ	бэ	ボ	бо
パ	па	ピ	пи	プ	пу	ペ	пэ	ポ	по
キャ	кя			キュ	кю			キョ	кё
シャ	ся			シュ	сю			ショ	сё
チャ	тя			チュ	тю			チョ	тё
ニャ	ня			ニュ	ню			ニョ	нё
ヒャ	хя			ヒュ	хю			ヒョ	хё
ミャ	мя			ミュ	мю			ミョ	мё
リャ	ря			リュ	рю			リョ	рё
ギャ	гя			ギュ	гю			ギョ	гё
ジャ	дзя			ジュ	дзю			ジョ	дзё
ヂャ	дзя			ヂュ	дзю			ヂョ	дзё
ビャ	бя			ビュ	бю			ビョ	бё
ピャ	пя			ピュ	пю			ピョ	пё

ウォーミングアップ　Track 2

● **出会ったときの表現**

Здра́вствуйте.　こんにちは。　　До́брое у́тро.　おはようございます。
До́брый ве́чер.　こんばんは。　　Как у вас дела́?　ご機嫌いかがですか？
Хорошо́, спаси́бо. А у вас?　元気です．おかげさまで。あなたは？
Ничего́, норма́льно.　まあまあです。

● **別れるときの表現**

До свида́ния.　さようなら。　　До встре́чи.　じゃあ，また後で。
Споко́йной но́чи.　おやすみなさい。　　Пока́.　じゃあね。

● **感謝とその応答**

Большо́е спаси́бо.　ありがとうございます。
Э́то вам спаси́бо.　こちらこそありがとうございます。
Пожа́луйста. / Не́ за что.　どういたしまして。

● **呼びかけ**

Извини́те.　すみません。

● **謝罪**

Извини́те.　すみません。

● **祈念**

Всего́ хоро́шего!　お元気で！　　Поправля́йтесь!　お大事に！
Счастли́вого пути́!　よい旅行を！　　Прия́тного аппети́та!　召し上がれ！
Жела́ю вам успе́ха!　ご成功をお祈りします！

● **祝詞**

Поздравля́ю с днём рожде́ния!　誕生日おめでとう！
За здоро́вье!　乾杯！

● **電話で**

Алло́, э́то Ри́ка.　もしもし，リカですが。
Э́то кварти́ра Петро́вых?　ペトロフさんのお宅でしょうか？
Мо́жно Пе́тю?　ペーチャをお願いできますか？

Часть 1

Track 3-11

Часть пе́рвая.
В аэропорту́ 空港で

1. Поса́дка на самолёт 搭乗手続き
2. Па́спортный контро́ль 入国審査
3. Получе́ние багажа́ 荷物の受け取り

1 Поса́дка на самолёт …… 搭乗手続き　　Track 3

Ступе́нь1　飛行機の搭乗手続きのシーンです。まずはCDを聴いてみましょう。

Извини́те, где мо́жно пройти́ регистра́цию?

Пройди́те вперёд ме́тров 30 (три́дцать). Там спра́ва бу́дет сто́йка регистра́ции.

Ри́ка спра́шивает, где она́ мо́жет пройти́ регистра́цию на рейс.

Здра́вствуйте. Да́йте, пожа́луйста, ваш па́спорт и биле́т.

Вот, пожа́луйста.

Ри́ка подхо́дит к сто́йке.

Бага́ж сдава́ть бу́дете?

Да, оди́н чемода́н.

Поста́вьте чемода́н на весы́.

Ри́ка сдаёт бага́ж.

Како́е ме́сто вы предпочита́ете, у прохо́да и́ли у окна́?

Пожа́луйста, у окна́.

Ри́ка выбира́ет ме́сто.

重要表現を覚えましょう。
キーフレーズ

◇ Извини́те, где мо́жно пройти́ регистра́цию?
すみませんが、チェックインはどこでできますか？

● Да́йте, пожа́луйста, ваш па́спорт и биле́т.
パスポートとチケットをお願いします。

● Бага́ж сдава́ть бу́дете?
お預けになる荷物はありますか？

● Поста́вьте чемода́н на весы́.
スーツケースを秤の上に載せてください。

● Како́е ме́сто вы предпочита́ете, у прохо́да и́ли у окна́?
お座席は通路側と窓側のどちらがよろしいですか？

◇ Во ско́лько начина́ется поса́дка?
搭乗開始時間は何時からですか？

Рика спрашивает время начала посадки на рейс.

Рика спрашивает о выходе на посадку.

Рика получает посадочный талон.

◇ От какого выхода отправляется самолёт?
何番ゲートから飛行機は出ますか？

● Вот ваш посадочный талон.
こちらが搭乗券です。

● Счастливого пути!
よい旅を！

1 Поса́дка на самолёт

Track 4

Ступе́нь2 今度はリカになって言ってみましょう。

Пройди́те вперёд ме́тров 30 (три́дцать). Там спра́ва бу́дет сто́йка регистра́ции.

Рика спра́шивает, где она́ мо́жет пройти́ регистра́цию на рейс.

Здра́вствуйте. Да́йте, пожа́луйста, ваш па́спорт и биле́т.

Рика подхо́дит к сто́йке.

Бага́ж сдава́ть бу́дете?

Поста́вьте чемода́н на весы́.

Рика сдаёт бага́ж.

Како́е ме́сто вы предпочита́ете, у прохо́да и́ли у окна́?

Рика выбира́ет ме́сто.

搭乗手続きで役に立つ表現を覚えましょう。
応用表現

Track 5

- Вы́лет самолёта заде́рживается на 30 (три́дцать) мину́т.
  出発は30分遅れます。

- Ваш бага́ж превыша́ет максима́льно допусти́мый вес.
  荷物は重量超過です。

◇ Я хоте́л (хоте́ла) бы получи́ть ме́сто ря́дом с мое́й жено́й (мои́м му́жем).
  妻／夫の隣の席がいいのですが。

Рика спрашивает время начала посадки на рейс.

Рика спрашивает о выходе на посадку.

Рика получает посадочный талон.

◇ Я хотел (хотела) бы получить место в хвосте (носовой части) самолёта.
後の / 前の席の方がいいのですが。

◇ Можно ли поменять рейс?
ほかの便に変更できますか？

1 搭乗手続き

- イラスト1　リカはどこでチェックインできるか尋ねます。
  - リカ　　：すみませんが，チェックインはどこでできますか？
  - 係員1　：あと30メートルほど進んでください。右手にチェックインカウンターがあります。

- イラスト2　リカはカウンターに向かいます。
  - 係員2　：こんにちは。パスポートとチケットをお願いします。
  - リカ　　：こちらです。

- イラスト3　リカは荷物を預けます。
  - 係員2　：お預けになる荷物はありますか？
  - リカ　　：スーツケースが1つあります。
  - 係員2　：スーツケースを秤の上に載せてください。

- イラスト4　リカは座席を選びます。
  - 係員2　：お座席は通路側と窓側のどちらがよろしいですか？
  - リカ　　：窓側をお願いします。

- イラスト5　リカは搭乗開始時間を尋ねます。
  - リカ　　：搭乗開始時間は何時からですか？
  - 係員2　：11時50分からです。

- イラスト6　リカは搭乗ゲートを尋ねます。
  - リカ　　：飛行機は何番ゲートから出ますか？
  - 係員2　：2番ゲートです。

- イラスト7　リカは搭乗券を受け取ります。
  - 係員2　：こちらが搭乗券です。
  - リカ　　：どうも。
  - 係員2　：よい旅を！

知ってお得なロシア情報

　モスクワにはドモジェードヴォ（Домоде́дово），シェレメーチエヴォ（Шереме́тьево），ヴヌーコヴォ（Вну́ково）の３つの主要な国際空港がありますが，日本人が利用する機会が多いのは最初の２つの空港でしょう。

　ドモジェードヴォはモスクワの中心部から南に約35キロのところに位置する空港で，日本航空のほかにもスターアライアンス加盟の主要な航空会社がここを利用しています。市内へは国鉄のアエロエクスプレス（Аэроэкспре́сс）が運行しており便利です。

　シェレメーチエヴォ空港は，かつては多くの航空会社が利用していましたが，近年のリニューアルにもかかわらずその役割の多くをドモジェードヴォ空港に譲っています。市内へは同じくアエロエクスプレスが運行しています。

　ドモジェードヴォ空港でもシェレメーチエヴォ空港でも，タクシーを利用する場合は，空港内に予約カウンターがありますので，そこで手配することになります。客引きのため声をかけてくる運転手がいますが，それは例外なく白タクです。渋滞が慢性化していますので，市内までの移動は１時間ですまないことが多くなっています。

　このほか，バスや，小型の路線バスのマルシュルートカ（маршру́тка）も利用できます。

ボキャブラリー

сто́йка регистра́ции Аэрофло́та　アエロフロートのチェックインカウンター
сто́йка регистра́ции JAL (ДЖАЛ, Япо́нские авиали́нии)　日本航空のチェックインカウンター
информа́ция　インフォメーション
зал отлёта　出発ロビー
самолёт　飛行機
зал ожида́ния　待合ロビー
табло́ отправле́ния　出発便案内板
ручна́я кладь　手荷物
бортпроводни́к (бортпроводни́ца)　客室乗務員
экономи́ческий класс (эконо́м-класс)　エコノミークラス
пе́рвый класс　ファーストクラス
би́знес-класс　ビジネスクラス
ручна́я кладь для провоза в сало́не самолёта　機内持ち込み手荷物
сда́нный бага́ж　預け入れ荷物

2 Па́спортный контро́ль …… 入国審査　　Track 6

Ступе́нь1　入国審査のシーンです。まずはCDを聴いてみましょう。

Рика стои́т в о́череди на пу́нкте па́спортного контро́ля.

Рика подаёт па́спорт пограни́чнику.

Пограни́чник спра́шивает, отку́да прилете́ла Рика.

Пограни́чник спра́шивает о сро́ке пребыва́ния.

　重要表現を覚えましょう。
キーフレーズ

- Сле́дующий, пожа́луйста.
  次の方、どうぞ。

- Покажи́те, пожа́луйста, ваш па́спорт.
  パスポートを見せていただけますか？

- Отку́да вы прилете́ли?
  どちらからいらっしゃいましたか？

- На ско́лько вы прие́хали в Росси́ю?
  ロシアにどれくらい滞在しますか？

- Какова́ цель ва́шего прие́зда?
  滞在目的は何ですか？

- У вас есть обра́тный биле́т?
  帰りの航空券は持っていますか？

- Где вы бу́дете жить во вре́мя ва́шего пребыва́ния?
  どちらに滞在するご予定ですか？

Ступе́нь1 2 Track 6

Погранйчник спра́шивает о це́ли прие́зда.

Погранйчник спра́шивает, есть ли у Рики обра́тный биле́т.

Погранйчник спра́шивает о ме́сте пребыва́ния в Росси́и.

Рика получа́ет свой па́спорт наза́д.

- Всё в поря́дке. Возьми́те, пожа́луйста, ваш па́спорт.
  結構です。パスポートをお返しします。

2 Па́спортный контро́ль

Track 7

Ступе́нь2 今度はリカになって入国審査を受けてみましょう。

Сле́дующий, пожа́луйста.

Ри́ка стои́т в о́череди на пу́нкте па́спортного контро́ля.

Покажи́те, пожа́луйста, ваш па́спорт.

Ри́ка подаёт па́спорт пограни́чнику.

Отку́да вы прилете́ли?

Пограни́чник спра́шивает, отку́да прилете́ла Ри́ка.

На ско́лько вы прие́хали в Росси́ю?

Пограни́чник спра́шивает о сро́ке пребыва́ния.

入国審査で役に立つ表現を覚えましょう。
応用表現

Track 8

◇ Я прие́хал (прие́хала) с це́лью делово́й пое́здки.
ビジネスで来ました。

◇ Я прие́хал (прие́хала) для изуче́ния ру́сского языка́.
語学留学に来ました。

◇ Я студе́нт (студе́нтка) по обме́ну.
交換留学生です。

◇ Я бу́ду жить в студе́нческом общежи́тии.
学生寮に滞在します。

Ступень2 **2** Track 7

Пограничник спрашивает о цели приезда.

Пограничник спрашивает, есть ли у Рики обратный билет.

Пограничник спрашивает о месте пребывания в России.

Рика получает свой паспорт назад.

◇ Я буду жить в семье (хоумстей).
ホームステイします。

● Покажите, пожалуйста, ваш билет.
航空券を見せていただけますか？

● У вас есть виза?
ビザは取ってありますか？

2 入国審査

- イラスト1　リカは入国審査の順番を待っています。
  入国審査官　：　次の方，どうぞ。

- イラスト2　リカは入国審査官にパスポートを渡します。
  入国審査官　：　パスポートを見せていただけますか？
  リカ　　　　：　はい，どうぞ。

- イラスト3　入国審査官はどこから来たのか尋ねます。
  入国審査官　：　どちらからいらっしゃいましたか？
  リカ　　　　：　日本からです。

- イラスト4　入国審査官は滞在期間について尋ねます。
  入国審査官　：　ロシアにどれくらい滞在しますか？
  リカ　　　　：　1週間です。

- イラスト5　入国審査官は滞在目的について尋ねます。
  入国審査官　：　滞在目的は何ですか？
  リカ　　　　：　観光です。

- イラスト6　入国審査官は帰りの航空券を所持しているか尋ねます。
  入国審査官　：　帰りの航空券は持っていますか？
  リカ　　　　：　はい，持っています。

- イラスト7　入国審査官は滞在先について尋ねます。
  入国審査官　：　どちらに滞在するご予定ですか？
  リカ　　　　：　アルバート・ホテルに泊まります。

- イラスト8　リカはパスポートを受け取ります。
  入国審査官　：　結構です。パスポートをお返しします。
  リカ　　　　：　どうも。

知ってお得なロシア情報

入国審査（па́спортный контро́ль）では実際には，あれこれ聞かれることはめったにありません。入国に際しては出入国カード（миграцио́нная ка́рта）とパスポートを提示します。もちろん，ビザ（ви́за）は事前に取得しておく必要があります。

税関（тамо́жня）では，申告する必要がある場合は赤の標識のある側に，申告の必要がない場合は緑の標識のある側に進むことになります。申告すべきものがある場合は，税関申告書に記入します。申告書を提示すると，そのうちの1枚に税関吏（тамо́женник）が署名しスタンプを押して返却します。出国時に再びこの申告書が必要になりますので，紛失しないようにしましょう。

ボキャブラリー

зал приле́та　到着ロビー
вну́тренний рейс　国内線
междунаро́дный рейс　国際線
стыко́вочный рейс　乗り継ぎ便
миграцио́нная ка́рта　出入国カード
досмо́тр ручно́й кла́ди　手荷物検査
группова́я пое́здка　団体旅行

3. Получе́ние багажа́ …… 荷物の受け取り　　Track 9

Ступе́нь1　リカは空港で荷物を受け取ります。まずはCDを聴いてみましょう。

Рика и́щет зо́ну вы́дачи багажа́.

Слу́жащий говори́т, на каку́ю бага́жную ле́нту подаётся бага́ж.

Рика не мо́жет найти́ свой чемода́н.

Рика идёт к сто́йке.

重要表現を覚えましょう。
キーフレーズ

◇ Извини́те, пожа́луйста, где мо́жно получи́ть бага́ж?
　すみませんが，荷物はどこで受け取ることができますか？

● Иди́те к бага́жной ле́нте но́мер три.
　3番のターンテーブルに行ってください。

● В чём де́ло?
　何かご用ですか？

◇ Я не могу́ найти́ свой чемода́н.
　自分のスーツケースを見つけることができませんでした。

● Покажи́те, пожа́луйста, ва́шу бага́жную квита́нцию.
　荷物引換証を見せてください。

● Как вы́глядит ваш чемода́н?
　どのようなスーツケースですか？

Служащий просит, чтобы Рика показала свою багажную квитанцию.

Рика объясняет, как выглядит её чемодан.

Рику просят заполнить формуляр.

Служащий продолжает объяснять.

- Заполните, пожалуйста, этот формуляр.
  この書類に記入してください。

- Когда мы найдём ваш чемодан, мы отправим его в гостиницу, где вы остановились.
  スーツケースを見つけ次第、お泊まりのホテルにお届けします。

3 Получéние багажá

Ступéнь2 今度はリカになって荷物を受け取ってみましょう。

Track 10

Рика и́щет зо́ну вы́дачи багажа́.

Служащий говори́т, на каку́ю бага́жную ле́нту подаётся бага́ж.

Рика не мо́жет найти́ свой чемода́н.

Рика идёт к сто́йке.

応用表現

荷物の受け取りで役に立つ表現を覚えましょう。

Track 11

◇ Где стоя́т бага́жные теле́жки?
カートはどこにありますか？

◇ Мой чемода́н слома́лся.
私のスーツケースが壊れています。

◇ Я по оши́бке взял (взяла́) чужо́й чемода́н.
スーツケースを間違えて取ってしまいました。

◇ Э́то не мой бага́ж.
これは私の荷物ではありません。

Служащий просит, чтобы Рика показала свою багажную квитанцию.

Рика объясняет, как выглядит её чемодан.

Рику просят заполнить формуляр.

Служащий продолжает объяснять.

◇ Есть здесь кто-нибудь, кто говорит по-японски?
日本語ができる人はいますか？

3 荷物の受け取り

- イラスト1　リカは荷物受取所を探しています。
  - リカ　　：すみませんが，荷物はどこで受け取ることができますか？
  - 係員1　：便名を教えてください。
  - リカ　　：東京発のSU576便です。

- イラスト2　係員はどのターンテーブルで受け取ることができるか教えます。
  - 係員1　：3番のターンテーブルに行ってください。
  - リカ　　：どうも。

- イラスト3　リカは自分のスーツケースを見つけることができません。
  - リカ　　：自分のスーツケースを見つけることができませんでした。どうすればいいですか？
  - 係員2　：あちらのカウンターに行ってください。そちらでお調べいたします。

- イラスト4　リカはカウンターに行きます。
  - 係員3　：何かご用ですか？
  - リカ　　：スーツケースが見つかりませんでした。

- イラスト5　係員は荷物引換証を見せるようにと言います。
  - 係員3　：荷物引換証を見せてください。
  - リカ　　：これです。

- イラスト6　リカは自分のスーツケースの形状について説明します。
  - 係員3　：どのようなスーツケースですか？
  - リカ　　：キャスター付きの茶色のスーツケースです。

- イラスト7　リカは書類に記入するようにと言われます。
  - 係員3　：この書類に記入してください。
  - リカ　　：ボールペンはありますか？
  - 係員3　：これをお使いください。

- イラスト8　係員は説明を続けます。
  - 係員3　：スーツケースを見つけ次第，お泊まりのホテルにお届けします。
  - リカ　　：どうも。

知ってお得なロシア情報

　預けた荷物がいくら待ってもターンテーブルの上に姿を現さない—残念ですが，こうしたことは割合と頻繁に起こります。しかし，このような場合でも，焦らず冷静に対処しましょう。係員に自分の連絡先を確実に伝えます。あなたの荷物は，積み替えの際に間違えてほかの飛行機に載せられたのでしょう。ふつう数日もすれば荷物は届けてもらえます。

　預けた荷物が紛失した場合を想定し，数日分の着替えや化粧品などは身の回り品として機内に持ち込んでおくといいでしょう。

　短気は損気。ロシアでの旅では特にそれが言えます。

ボキャブラリー

тамо́жня　税関
тамо́женная деклара́ция　税関申告書
страхо́вка　保険
рюкза́к　リュックサック
именна́я би́рка　名札
су́мка　ハンドバッグ

イラスト辞書 Словарь с иллюстрациями

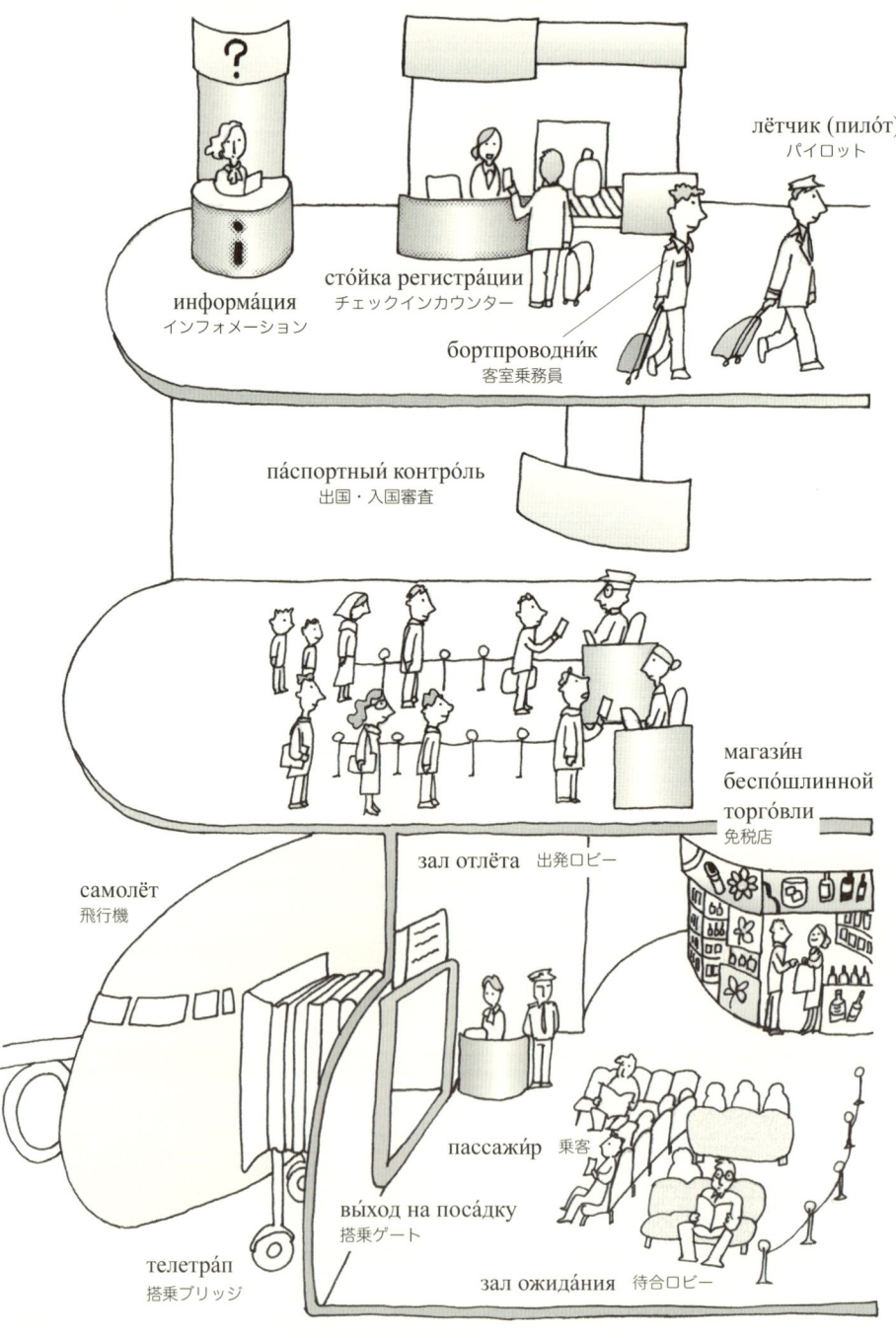

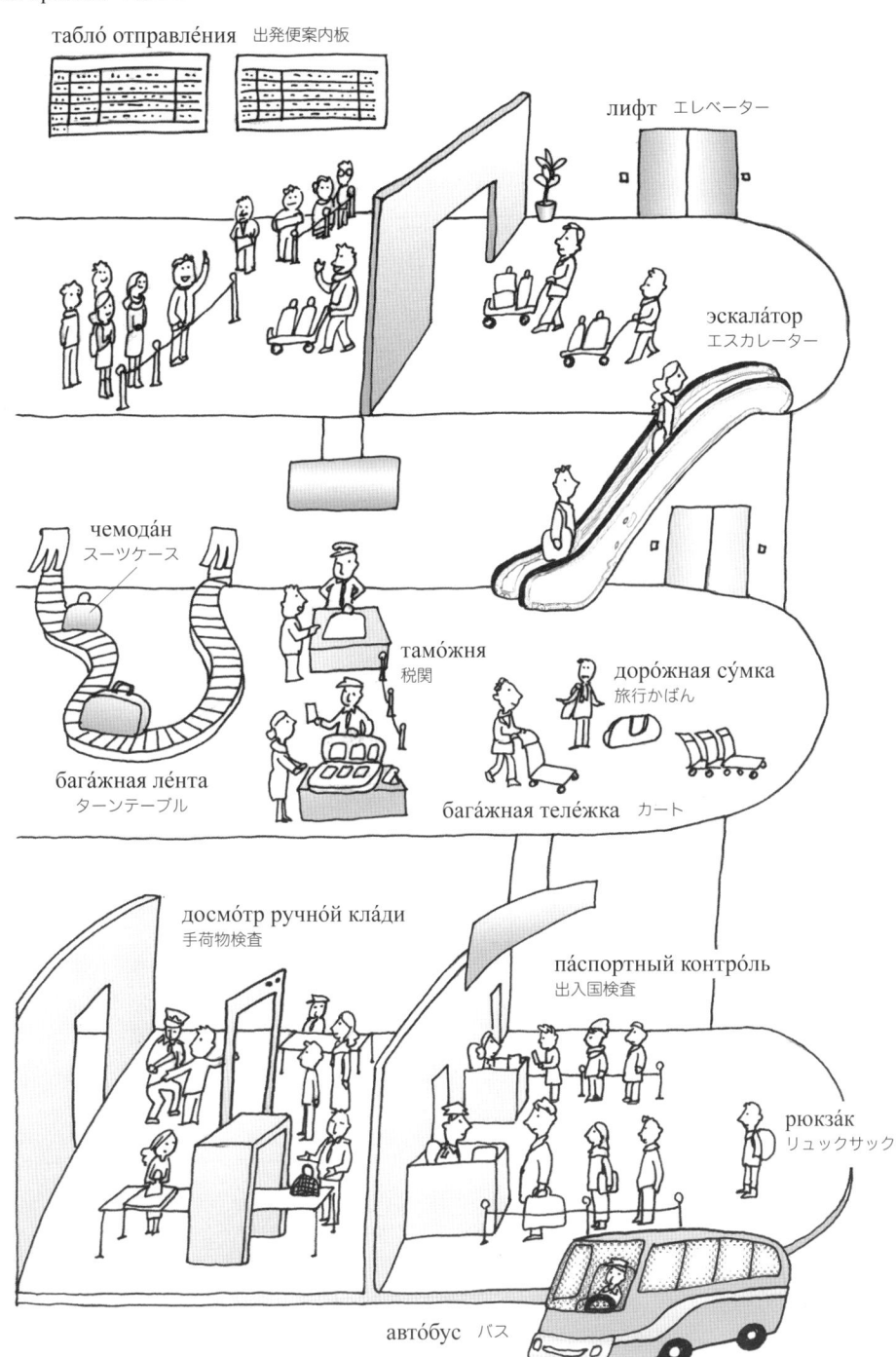

зал прилёта 到着ロビー

табло́ отправле́ния 出発便案内板

лифт エレベーター

эскала́тор エスカレーター

чемода́н スーツケース

тамо́жня 税関

доро́жная су́мка 旅行かばん

бага́жная ле́нта ターンテーブル

бага́жная теле́жка カート

досмо́тр ручно́й кла́ди 手荷物検査

па́спортный контро́ль 出入国検査

рюкза́к リュックサック

авто́бус バス

Часть пе́рвая. В аэропорту́ 空港で

文　法

▌名詞の性

ロシア語の名詞には男性・中性・女性の文法上の性があります。文法上の性は，（単数主格の）語末の文字によって判別できます。

男性名詞	子音字	журна́л 雑誌	студе́нт 男子学生
	-й	трамва́й 路面電車	
	-ь	слова́рь 辞書	
中性名詞	-о	сло́во 単語	
	-е (-ё)	зда́ние 建物	
	-мя	вре́мя 時間	
女性名詞	-а	газе́та 新聞	сестра́ 姉（妹）
	-я	неде́ля 週	фами́лия 名字
	-ь	тетра́дь ノート	

-ь で終わる名詞については，個々の単語について文法上の性を覚えておく必要があります。

▌名詞の格変化①

ロシア語の名詞には単数と複数にわたって6つの格があります。

　　主格（「…は，…が」）　　― 主語または述語として用いられます。
　　生格（「…の」）　　　　　― 所有・所属などを表します。
　　与格（「…に」）　　　　　― 間接目的を表します。
　　対格（「…を」）　　　　　― 直接目的を表します。
　　造格（「…で，…として」）― 手段・方法・機能などを表します。
　　前置格　　　　　　　　　　― 特定の前置詞とともに用いられます。

格は語尾が変化することによって表されます。

Часть 2

Track 12-17

Часть вторáя.
В гостинице

ホテルで

1 **Регистрáция**   チェックインする

2 **Вы́писка из гостиницы**   チェックアウトする

1 Регистрация ····· チェックインする

Track 12

Ступень 1 ホテルのチェックインのシーンです。まずはCDを聴いてみましょう。

— Добрый вечер.

— Добрый вечер. Я забронировала одноместный номер.

Рика подходит к стойке приёма (рецепции).

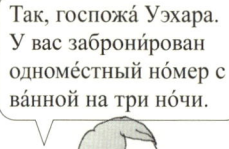

— Как ваша фамилия?

— Уэхара.

Рика называет свою фамилию.

— Так, госпожа Уэхара. У вас забронирован одноместный номер с ванной на три ночи.

— Да, верно.

Портье проверяет бронирование по компьютеру.

— Напишите в бланке регистрации ваше имя и адрес и распишитесь здесь внизу.

— Извините, где расписаться?

— Здесь.

Рика заполняет бланк регистрации.

🔑 重要表現を覚えましょう。
キーフレーズ

◇ **Я забронировала одноместный номер.**
シングルルームを予約してあるはずですが。

● **У вас забронирован одноместный номер с ванной на три ночи.**
バス付きのシングルで3泊のご予約をいただいております。

● **Напишите в бланке регистрации ваше имя и адрес и распишитесь здесь внизу.**
こちらの宿泊カードにお名前とご住所を記入してください。そして、その下にサインをお願いします。

Ступе́нь1 — 1 — Track 12

Часть втора́я. В гости́нице ホテルで

— Вот ваш ключ. Но́мер 306 (три́ста шесть) на тре́тьем этаже́.
— Спаси́бо.

Портье́ даёт Ри́ке ключ от но́мера.

— Мо́жно взять ваш па́спорт?
— Да, пожа́луйста.

Портье́ про́сит Ри́ку показа́ть па́спорт.

— Во ско́лько начина́ется за́втрак?
— За́втрак с полови́ны седьмо́го до десяти́. Рестора́н нахо́дится на пе́рвом этаже́.

Ри́ка спра́шивает о за́втраке.

— Вы мо́жете разбуди́ть меня́ в семь часо́в?
— Да, хорошо́.

Ри́ка про́сит разбуди́ть её у́тром.

- Вот ваш ключ.
  こちらがお客様のキーです。
- Мо́жно взять ваш па́спорт?
  お客様のパスポートをお預かりしてもよろしいでしょうか?
- Во ско́лько начина́ется за́втрак?
  朝食は何時から取れますか?
- За́втрак с полови́ны седьмо́го до десяти́.
  朝食は6時半から10時までです。
- Вы мо́жете разбуди́ть меня́ в семь часо́в?
  7時にモーニングコールをお願いできますか?

1 Регистра́ция

Track 13

Ступе́нь2 今度はリカになってチェックインしてみましょう。

> До́брый ве́чер.

Ри́ка подхо́дит к сто́йке приёма (реце́пции).

> Как ва́ша фами́лия?

Ри́ка называ́ет свою́ фами́лию.

> Так, госпожа́ Уэ́хара. У вас заброни́рован одноме́стный но́мер с ва́нной на три но́чи.

Портье́ проверя́ет брони́рование по компью́теру.

> Напиши́те в бла́нке регистра́ции ва́ше и́мя и а́дрес и распиши́тесь здесь внизу́.
>
> Здесь.

Ри́ка заполня́ет бланк регистра́ции.

チェックインの際に役に立つ表現を覚えましょう。
応用表現
Track 14

◇ Где здесь лифт?
エレベーターはどこにありますか？

◇ Вы не могли́ бы принести́ мой бага́ж в но́мер?
部屋まで荷物を運んでいただけますか？

◇ Нет горя́чей воды́.
お湯が出ないのですが。

◇ У вас есть бассе́йн / са́уна / космети́ческий сало́н?
プール / サウナ / エステティックサロンはありますか？

Ступень2 1 Track 13

Вот ваш ключ. Номер 306 (триста шесть) на третьем этаже.

Можно взять ваш паспорт?

Портье даёт Рике ключ от номера.

Портье просит Рику показать паспорт.

Завтрак с половины седьмого до десяти. Ресторан находится на первом этаже.

Да, хорошо.

Рика спрашивает о завтраке.

Рика просит разбудить её утром.

Часть вторая. В гостинице ホテルで

◇ Телевизор / Кондиционер / Фен сломался.
テレビ / エアコン / ドライヤーが故障しています。

◇ Туалет засорился.
トイレが詰まってしまいました。

◇ Я бы хотел (хотела) поменять номер.
部屋を替えてほしいのですが。

◇ В номере ещё не делали уборку.
部屋がまだ掃除されていません。

1 チェックインする

(イラスト1) リカはホテルの受付に行きます。
フロント係 ： こんばんは。
リカ ： こんばんは。シングルルームを予約してあるはずですが。

(イラスト2) リカは名前を言います。
フロント係 ： お名前は？
リカ ： 上原です。

(イラスト3) フロント係はコンピュータで予約の確認をします。
フロント係 ： 上原様ですね。バス付きのシングルで3泊のご予約をいただいております。
リカ ： はい，そのとおりです。

(イラスト4) リカは宿泊カードに記入します。
フロント係 ： こちらの宿泊カードにお名前とご住所を記入してください。そして，その下にサインをお願いします。
リカ ： すみません，サインするところはどこですか？
フロント係 ： ここです。

(イラスト5) フロント係はリカにルームキーを渡します。
フロント係 ： こちらがお客様のキーです。お部屋は3階の306号室です。
リカ ： どうも。

(イラスト6) フロント係はリカにパスポートの提示を求めます。
フロント係 ： お客様のパスポートをお預かりしてもよろしいでしょうか？
リカ ： はい，どうぞ。

(イラスト7) リカは朝食について尋ねます。
リカ ： 朝食は何時から取れますか？
フロント係 ： 朝食は6時半から10時までです。レストランは1階にあります。

(イラスト8) リカはモーニングコールを頼みます。
リカ ： 7時にモーニングコールをお願いできますか？
フロント係 ： かしこまりました。

知ってお得なロシア情報

　ロシア滞在中はホテルに泊まる人が大半だと思います。残念なことに都市部では廉価で泊まれるホテルはあまり多くありません。昨今の好景気を反映して，大都市には西側資本の高級ホテルが多数建てられていますが，連泊するとなれば莫大な出費になります。

　それでもリーズナブルな金額で泊まれるホテルも確実にありますので，ネットで情報収集し，日本にいるときから予約を入れておくといいでしょう。すべて旅行業者にセッティングしてもらうツアーは，安心感はありますが，興味が半減するものです。

　実際に宿泊すると，ホテルによっては，いくつか不備が気になるかもしれません。暖房の効きが悪い，トイレットペーパーの質が悪い，ぬるいお湯しか出ない（ひどい場合には，水しか出ない）など。時には，風俗関係の斡旋の電話が部屋にかかってきたりして……。いろいろと日本の常識が通じず，フラストレーションがたまることもあるかもしれませんが，ここはおおらかな態度でロシア文化に接したいものです。

　なお，チップは義務ではありません。チップを払うも払わないも，宿泊する側の判断次第です。

Часть вторая. В гостинице　ホテルで

ボキャブラリー

а́дрес　住所
сейф　金庫
день отъе́зда　出発日
день прибы́тия　到着日
бланк регистра́ции　宿泊カード
да́та рожде́ния　生年月日
ме́сто рожде́ния　出生地
гражда́нство　国籍
профе́ссия　職業
но́мер па́спорта　パスポート番号
буди́льник　目覚まし時計
туале́тная бума́га　トイレットペーパー
полоте́нце　タオル

мы́ло　石鹸
шампу́нь　シャンプー
зубна́я щётка　歯ブラシ
зубна́я па́ста　練り歯磨き
та́почки　スリッパ
холоди́льник　冷蔵庫
фи́тнес-клу́б　フィットネスクラブ
бар　バー
рум се́рвис (за́втрак в но́мер)　ルームサービス
двухме́стный но́мер (твин) с ду́шем
　シャワー付きのツインルーム

2. Вы́писка из гости́ницы ····· チェックアウトする   Track 15

Ступе́нь 1　ホテルのチェックアウトのシーンです。まずはCDを聴いてみましょう。

— До́брое у́тро.
— До́брое у́тро. Я хоте́ла бы вы́писаться.

Ри́ка подхо́дит к сто́йке приёма (реце́пции).

— Како́й у вас но́мер?
— 306 (Три́ста шесть). Вот ключ.
— Большо́е спаси́бо.

Ри́ка возвраща́ет ключ.

— Мой бага́ж ещё в но́мере. Вы не могли́ бы его́ принести́?
— Коне́чно.

Ри́ка про́сит принести́ её бага́ж.

— Вы по́льзовались мини-ба́ром?
— Да. Я взяла́ буты́лку минера́льной воды́ и паке́тик оре́шков.

Портье́ выпи́сывает счёт.

重要表現を覚えましょう。
キーフレーズ

◇ Я хоте́ла бы вы́писаться.
　チェックアウトをお願いします。

● Како́й у вас но́мер?
　お部屋は何号室ですか？

◇ Мой бага́ж ещё в но́мере. Вы не могли́ бы его́ принести́?
　荷物がまだ部屋にあります。運んでいただけますか？

● Вы по́льзовались мини-ба́ром?
　ミニバーを利用しましたか？

● Прове́рьте, пожа́луйста, ваш счёт.
　請求書をご確認いただけますか？

◇ А здесь э́то пла́та за что?
　これは何の費用ですか？

Ступе́нь1 **2** Track 15

Часть втора́я. В гости́нице ホテルで

Прове́рьте, пожа́луйста, ваш счёт.

Хорошо́.

А здесь э́то пла́та за что?

За телефо́н.

А, поня́тно.

Портье́ пока́зывает Ри́ке счёт.

Ри́ка проверя́ет счёт.

Мо́жно расплати́ться креди́тной ка́ртой?

Кака́я у вас ка́рта?

VISA.

Коне́чно.

Могу́ я оста́вить у вас свой чемода́н до 17 (семна́дцати) часо́в?

Да, пожа́луйста.

Ри́ка хо́чет расплати́ться креди́тной ка́ртой.

Ри́ка про́сит, что́бы её бага́ж оста́вили до ве́чера.

◇ Мо́жно расплати́ться креди́тной ка́ртой?
クレジットカードで支払えますか？

◇ Могу́ я оста́вить у вас свой чемода́н до 17 (семна́дцати) часо́в?
私のスーツケースを17時まで預かっていただけますか？

2 Вы́писка из гости́ницы

Track 16

Ступе́нь2 今度はリカになってチェックアウトしてみましょう。

До́брое у́тро.

Ри́ка подхо́дит к сто́йке приёма (реце́пции).

Како́й у вас но́мер?

Большо́е спаси́бо.

Ри́ка возвраща́ет ключ.

Коне́чно.

Ри́ка про́сит принести́ её бага́ж.

Вы по́льзовались мини-ба́ром?

Портье́ выпи́сывает счёт.

チェックアウトの際に役に立つ表現を覚えましょう。
応用表現

Track 17

◇ По-мо́ему, счёт не совсе́м пра́вильный.
明細に間違いがあると思うのですが。

◇ Вы не могли́ бы вы́звать такси́?
タクシーを呼んでいただけますか？

◇ Я забы́л (забы́ла) свои́ ве́щи в но́мере.
部屋に忘れ物をしました。

◇ Могу́ я ещё раз верну́ться в но́мер?
もう一度部屋に入ってもいいですか？

Ступень2 2 Track 16

Часть вторая. В гостинице ホテルで

Проверьте, пожалуйста, ваш счёт.

Портье показывает Рике счёт.

За телефон.

Рика проверяет счёт.

Какая у вас карта?

Конечно.

Рика хочет расплатиться кредитной картой.

Да, пожалуйста.

Рика просит, чтобы её багаж оставили до вечера.

47

2 チェックアウトする

(イラスト1) リカは受付に行きます。
フロント係 ： おはようございます。
リカ ： おはようございます。チェックアウトをお願いします。

(イラスト2) リカはルームキーを返却します。
フロント係 ： お部屋は何号室ですか？
リカ ： 306号室です。これがキーです。
フロント係 ： ありがとうございます。

(イラスト3) リカは荷物を運んでくれるよう頼みます。
リカ ： 荷物がまだ部屋にあります。運んでいただけますか？
フロント係 ： かしこまりました。

(イラスト4) フロント係は請求書を作成します。
フロント係 ： ミニバーを利用しましたか？
リカ ： はい。ミネラルウォーターを1本とピーナッツを1袋。

(イラスト5) フロント係はリカに請求書を見せます。
フロント係 ： 請求書をご確認いただけますか？
リカ ： はい，わかりました。

(イラスト6) リカは請求書を確認します。
リカ ： これは何の費用ですか？
フロント係 ： 電話代です。
リカ ： ああ，わかりました。

(イラスト7) リカはクレジットカードで払いたいと思います。
リカ ： クレジットカードで支払えますか？
フロント係 ： どのカードですか？
リカ ： VISAです。
フロント係 ： もちろんです。

(イラスト8) リカは荷物を夕方まで預かってくれるか尋ねます。
リカ ： 私のスーツケースを17時まで預かっていただけますか？
フロント係 ： かしこまりました。

知ってお得なロシア情報

　ホテルにチェックインする時には，パスポート，ビザ，出入国カードを提示しなければなりません。パスポートは1時間もすると返却してくれますが，ここで注意しなければならないことがあります。ロシアでは外国人は外出する時に，パスポートを携行することが義務になっていることです。警官に職務質問された際に身分証明書を所持していないと，やっかいなことになってしまいます。罰金の支払いを求められることがあるからです。聞くところによると，外国人に対するパスポートチェックが一部の警官の小遣い稼ぎになっているのだとか。気をつけましょう。何事も，転ばぬ先の杖です。

ボキャブラリー

международный телефо́н　国際電話
телефо́нный разгово́р по го́роду　市内通話
квита́нция　領収書
нало́г　税金
проспе́кт (букле́т)　パンフレット

イラスト辞書 Слова́рь с иллюстра́циями

душ シャワー

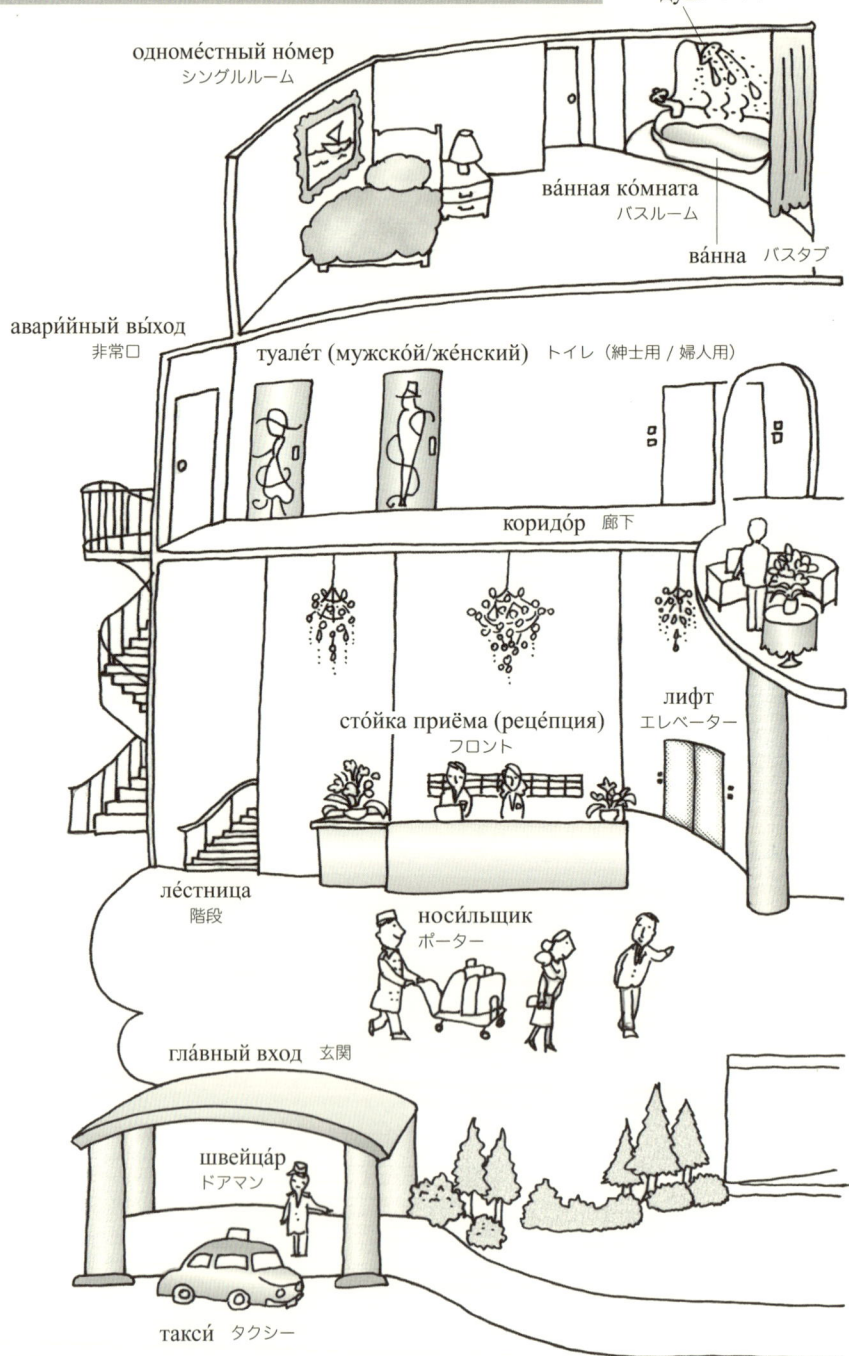

одноме́стный но́мер
シングルルーム

ва́нная ко́мната
バスルーム

ва́нна バスタブ

авари́йный вы́ход
非常口

туале́т (мужско́й/же́нский) トイレ（紳士用 / 婦人用）

коридо́р 廊下

лифт
エレベーター

сто́йка приёма (реце́пция)
フロント

ле́стница
階段

носи́льщик
ポーター

гла́вный вход 玄関

швейца́р
ドアマン

такси́ タクシー

двухме́стный но́мер (твин)
ツインルーム

умыва́льник
洗面台

рестора́н
レストラン

двор с са́дом　中庭

ло́бби (вестибю́ль)　ロビー

парко́вка　駐車場

Часть втора́я. В гости́нице　ホテルで

文法

▌名詞の格変化②

● 男性名詞

単数主格	журна́л 雑誌	студе́нт 男子学生	трамва́й 路面電車	слова́рь 辞書
生格	журна́ла	студе́нта	трамва́я	словаря́
与格	журна́лу	студе́нту	трамва́ю	словарю́
対格	журна́л	студе́нта	трамва́й	слова́рь
造格	журна́лом	студе́нтом	трамва́ем	словарём
前置格	журна́ле	студе́нте	трамва́е	словаре́

複数主格	журна́лы	студе́нты	трамва́и	словари́
生格	журна́лов	студе́нтов	трамва́ев	словаре́й
与格	журна́лам	студе́нтам	трамва́ям	словаря́м
対格	журна́лы	студе́нтов	трамва́и	словари́
造格	журна́лами	студе́нтами	трамва́ями	словаря́ми
前置格	журна́лах	студе́нтах	трамва́ях	словаря́х

　人や動物を表す名詞（例 студе́нт）の対格は，単数および複数で生格と同形になります。それ以外の名詞（例 журна́л, трамва́й, слова́рь）の対格は，単数および複数で主格と同形です。
　アクセントが移動する語があります（例 слова́рь）。

● 中性名詞

単数主格	сло́во 単語	зда́ние 建物	вре́мя 時間
生格	сло́ва	зда́ния	вре́мени
与格	сло́ву	зда́нию	вре́мени
対格	сло́во	зда́ние	вре́мя
造格	сло́вом	зда́нием	вре́менем
前置格	сло́ве	зда́нии	вре́мени

複数主格	слова́	зда́ния	времена́
生格	слов	зда́ний	времён
与格	слова́м	зда́ниям	времена́м
対格	слова́	зда́ния	времена́
造格	слова́ми	зда́ниями	времена́ми
前置格	слова́х	зда́ниях	времена́х

　単数対格は単数主格と，複数対格は複数主格と同形です。
　アクセントが移動する語があります（例 сло́во, вре́мя）。

Часть 3

Track 18-23

Часть тре́тья. По́езд 列車

- **1** На вокза́ле 駅で
- **2** В по́езде 車内で

1 На вокза́ле …… 駅で

Track 18

Ступе́нь1 切符売り場でのシーンです。まずはCDを聴いてみましょう。

— До́брый день. Мне, пожа́луйста, оди́н биле́т до Санкт-Петербу́рга.

У биле́тной ка́ссы.

— Вам в оди́н коне́ц и́ли туда́ и обра́тно?
— В оди́н коне́ц, пожа́луйста.

Касси́р спра́шивает, како́й биле́т ну́жен Ри́ке.

— На како́е число́?
— На за́втра, двена́дцатое октября́.

Касси́р спра́шивает о да́те.

— Во ско́лько вы хоти́те пое́хать?
— О́коло семи́ утра́.

Касси́р спра́шивает о вре́мени отправле́ния.

重要表現を覚えましょう。
キーフレーズ

◇ Мне, пожа́луйста, оди́н биле́т до Санкт-Петербу́рга.
サンクトペテルブルクまでの切符を1枚お願いします。

● Вам в оди́н коне́ц и́ли туда́ и обра́тно?
片道ですか、往復ですか？

● На како́е число́?
いつご出発ですか？

● Во ско́лько вы хоти́те пое́хать?
何時に出発したいですか？

Поезд отправляется в 6 (шесть) часов 45 (сорок пять) минут и прибывает в Санкт-Петербург в 10 (десять) часов 40 (сорок) минут.

Вам в первый или во второй класс?

Во второй класс, пожалуйста.

Кассир информирует Рику о времени отправления и прибытия.

Рика резервирует место.

Мне нужно будет делать пересадку?

Нет, это прямой поезд.

С вас 3500 (три тысячи пятьсот) рублей. Вот ваш билет.

Спасибо.

Рика спрашивает о пересадке.

Рика платит за билет.

- Поезд отправляется в 6 (шесть) часов 45 (сорок пять) минут и прибывает в Санкт-Петербург в 10 (десять) часов 40 (сорок) минут.
  列車は6時45分に発車し，10時40分にサンクトペテルブルクに着きます。

- Мне нужно будет делать пересадку?
  乗り換えなければなりませんか？

1 На вокзале

Track 19

Ступень2　今度はリカになって切符を買ってみましょう。

Вам в один конец или туда и обратно?

У билетной кассы.

Кассир спрашивает, какой билет нужен Рике.

На какое число?

Во сколько вы хотите поехать?

Кассир спрашивает о дате.

Кассир спрашивает о времени отправления.

駅で役に立つ表現を覚えましょう。
応用表現

Track 20

◇ Есть ли прямой поезд до Минска?
ミンスクまで直通で行けますか？

◇ С какой платформы отправляется поезд?
列車は何番線から出ますか？

◇ Как долго нужно ехать до Одессы?
オデッサまでどれくらい時間がかかりますか？

◇ Во сколько отправляется следующий поезд на Киев?
キエフ行きの次の列車は何時ですか？

Ступе́нь2 1 Track 19

По́езд отправля́ется в 6 (шесть) часо́в 45 (со́рок пять) мину́т и прибыва́ет в Санкт-Петербу́рг в 10 (де́сять) часо́в 40 (со́рок) мину́т.

Вам в пе́рвый и́ли во второ́й класс?

Касси́р информи́рует Ри́ку о вре́мени отправле́ния и прибы́тия.

Ри́ка резерви́рует ме́сто.

Нет, э́то прямо́й по́езд.

С вас 3500 (три ты́сячи пятьсо́т) рубле́й. Вот ваш биле́т.

Ри́ка спра́шивает о переса́дке.

Ри́ка пла́тит за биле́т.

часть тре́тья. По́езд 列車

◇ Я хоте́л (хоте́ла) бы прибы́ть в Ирку́тск до 17 (семна́дцати) часо́в.
イルクーツクに17時までには着きたいのですが。

◇ Где здесь автомати́ческая ка́мера хране́ния?
コインロッカーはどこですか？

● По́езд опа́здывает приме́рно на 20 (два́дцать) мину́т.
列車は20分ほど遅れています。

● Вы хоти́те ме́сто у окна́ / у прохо́да?
窓側／通路側の席がいいのですか？

57

1

駅で

(イラスト1) 切符売り場で
リカ ： こんにちは。サンクトペテルブルクまでの切符を1枚お願いします。

(イラスト2) 駅員は切符の種類を尋ねます。
駅員 ： 片道ですか，往復ですか？
リカ ： 片道でお願いします。

(イラスト3) 駅員は日程について尋ねます。
駅員 ： いつご出発ですか？
リカ ： 明日，つまり10月12日に出発します。

(イラスト4) 駅員は出発時刻について尋ねます。
駅員 ： 何時に出発したいですか？
リカ ： 朝の7時頃に。

(イラスト5) 駅員は発車時刻と到着時刻を教えます。
駅員 ： 列車は6時45分に発車し，10時40分にサンクトペテルブルグに着きます。

(イラスト6) リカは座席を予約します。
駅員 ： 1等にしますか，それとも2等にしますか？
リカ ： 2等でお願いします。

(イラスト7) リカは乗り換えについて尋ねます。
リカ ： 乗り換えなければなりませんか？
駅員 ： いいえ，直通です。

(イラスト8) リカは切符代を払います。
駅員 ： 3500ルーブルです。こちらが乗車券です。
リカ ： どうも。

知ってお得なロシア情報

　ロシアはシベリア鉄道に代表されるように鉄道王国です。飛行機の国内線を利用するのも結構ですが、鉄道を使った時間をかけた移動も楽しいものです。

　ロシアには改札口はありません。切符売り場で切符を購入したら、掲示板で自分の乗る列車が出るプラットホームを確認し、そこに移動します。長距離列車の場合、乗降口に車掌が立っていて、乗客の切符を確認します。

　日本では夜行列車の数は少なくなりましたが、ロシアでは健在です。たまには、昔ながらに夜通し鉄道を使って移動してみませんか。

　ところで、ロシアの駅名の命名方法はユニークです。一般にある路線の終点が駅名として用いられています。したがって、「モスクワ駅」は、「モスクワなのにモスクワにないものは何か」という、なぞなぞのような問いの答えになります。

ボキャブラリー

при́городный по́езд　ローカル列車
экспре́сс　特急列車
ско́рый по́езд　急行列車
ваго́н　車両
ме́сто назначе́ния　目的地
объявле́ние　アナウンス
сесть в (на) по́езд　列車に乗る
сойти́ с по́езда (вы́йти из по́езда)　列車から降りる
пересе́сть (сде́лать переса́дку)　乗り換える
платфо́рма　プラットホーム
расписа́ние　時刻表
ме́сто　座席
места́ без резерва́ции　自由席
места́ с резерва́цией　指定席

2 В поезде …… 車内で

Track 21

Ступень1 列車の中でのシーンです。まずはCDを聴いてみましょう。

— Добрый день. Это место 36 (тридцать шесть)?
— Да.

Рика ищет своё место.

— Можно я открою окно?
— Да, пожалуйста.

Рика спрашивает разрешение открыть окно.

— Добрый день, предъявите, пожалуйста, ваши билеты.
— Вот, пожалуйста.

Приходит проводник.

— Через сколько мы прибываем в Санкт-Петербург?
— Минут через 30 (тридцать).

Рика спрашивает о времени прибытия.

重要表現を覚えましょう。
キーフレーズ

◇ Это место 36 (тридцать шесть)?
この席は36番ですか？

◇ Можно я открою окно?
窓を開けてもいいですか？

◇ Через сколько мы прибываем в Санкт-Петербург?
サンクトペテルブルクまではあとどれくらいかかりますか？

◇ С какой платформы отправляется поезд на Таллин?
タリン行きの列車は何番線から出ますか？

◇ В поезде есть вагон-ресторан?
食堂車はありますか？

◇ Извините, можно пройти?
すみません，通していただけますか？

С какой платформы отправляется поезд на Таллин?

Со второй.

Рика спрашивает, с какой платформы отправляется поезд на Таллин.

В поезде есть вагон-ресторан?

Да, есть. В третьем вагоне.

Рика спрашивает, есть ли в поезде вагон-ресторан.

Уважаемые пассажиры! Через несколько минут наш поезд прибывает на конечную станцию – Санкт-Петербург, Московский вокзал.

Объявление.

Извините, можно пройти?

Пожалуйста.

Рика подготавливается к выходу из вагона.

2 В поезде

Track 22

Ступень2 今度はリカになって言ってみましょう。

Да.

Рика ищет своё место.

Да, пожалуйста.

Рика спрашивает разрешение открыть окно.

Добрый день, предъявите, пожалуйста, ваши билеты.

Приходит проводник.

Минут через 30 (тридцать).

Рика спрашивает о времени прибытия.

車内で役に立つ表現を覚えましょう。
応用表現

Track 23

◇ Это место зарезервировано или нет?
この席は指定席ですか,自由席ですか?

◇ Это место свободно?
この席は空いていますか?

◇ Я не могу найти своё место.
席が見つからないのですが。

◇ Извините, но это моё место.
すみませんが,そこは私の席だと思うのですが。

◇ Извините, я перепутал (перепутала) место.
すみません,席を間違えました。

◇ Где здесь туалет?
トイレはどこにありますか?

Ступень2 2 Track 22

[Со второй.]

[Да, есть. В третьем вагоне.]

Рика спрашивает, с какой платформы отправляется поезд на Таллин.

Рика спрашивает, есть ли в поезде вагон-ресторан.

[Уважаемые пассажиры! Через несколько минут наш поезд прибывает на конечную станцию – Санкт-Петербург, Московский вокзал.]

[Пожалуйста.]

Объявление.

Рика подготавливается к выходу из вагона.

Часть третья. Поезд 列車

◇ Какая следующая остановка?
次の停車駅はどこですか？

◇ Я не могу найти свой билет.
切符が見当たりません。

◇ Этот поезд останавливается в Твери?
この列車はトヴェリに停車しますか？

◇ Как долго поезд стоит в Твери?
トヴェリでの停車時間はどれくらいですか？

● Поезд отправляется с опозданием на 15 (пятнадцать) минут.
列車は15分遅れで発車いたします。

● Счастливого пути!
よい旅を！

2 車内で

- (イラスト1) リカは自分の席を探しています。
  リカ ： こんにちは。この席は 36 番ですか？
  乗客 ： ええ，そうですよ。

- (イラスト2) リカは窓を開けてもいいか尋ねます。
  リカ ： 窓を開けてもいいですか？
  乗客 ： ええ，どうぞ。

- (イラスト3) 車掌が来ます。
  車掌 ： こんにちは。切符を拝見いたします。
  リカ ： どうぞ。

- (イラスト4) リカは到着時刻を尋ねます。
  リカ ： サンクトペテルブルクまではあとどれくらいかかりますか？
  車掌 ： あと 30 分くらいです。

- (イラスト5) リカはタリン行きの列車が何番線から出るか尋ねます。
  リカ ： タリン行きの列車は何番線から出ますか？
  車掌 ： 2 番線から出ます。

- (イラスト6) リカは食堂車があるかどうか尋ねます。
  リカ ： 食堂車はありますか？
  車掌 ： はい，あります。食堂車は 3 号車です。

- (イラスト7) アナウンス
  みなさま，この列車はまもなく終点サンクトペテルブルクのモスクワ駅に到着いたします。

- (イラスト8) リカは降りる準備をします。
  リカ ： すみません，通していただけますか？
  乗客 ： どうぞ。

知ってお得なロシア情報

　自由席を利用して列車で移動しているとしましょう。あなたの隣は空席です。すると、「この席は空いていますか？」と尋ねることもなく、見知らぬ人が座り込みます。そのまま一言も言葉を交わすことなく数時間が過ぎ去ります。その見知らぬ人はあなたより先に下車するようです。「さようなら。失礼しました」と口にすることもなく、幽霊か何かのようにすっとその人は立ち去ります。こんなことは現代の日本ではごく普通の光景ですね（いつから日本人はこれほどまで人との交わりを嫌う人間になったのでしょうか）。ロシアを鉄道で長距離を移動している時には、こうしたことはめったに起こりません。ロシアの人は意外にも（!?）明るく陽気で、おしゃべりが大好きな人たちです。

　試しに、モスクワからサンクトペテルブルクまで列車で移動してみてください。好奇心旺盛なロシアの人は、あなたを見つけて沈黙していることはないでしょう。さあ、ロシア語会話の無料レッスンの始まりです。サンクトペテルブルクに着いた時、あなたはこうつぶやくかもしれません。「少しは休ませてもらいたかったなぁ」と。

Часть третья. Поезд　列車

ボキャブラリー

места́ для куря́щих　喫煙席
места́ для некуря́щих　禁煙席
купе́　コンパートメント
спа́льный ваго́н　寝台車
после́дний по́езд　最終列車
пе́рвый по́езд　始発列車
бага́жная по́лка　荷物棚
резерви́рование　予約

イラスト辞書 Словарь с иллюстрациями

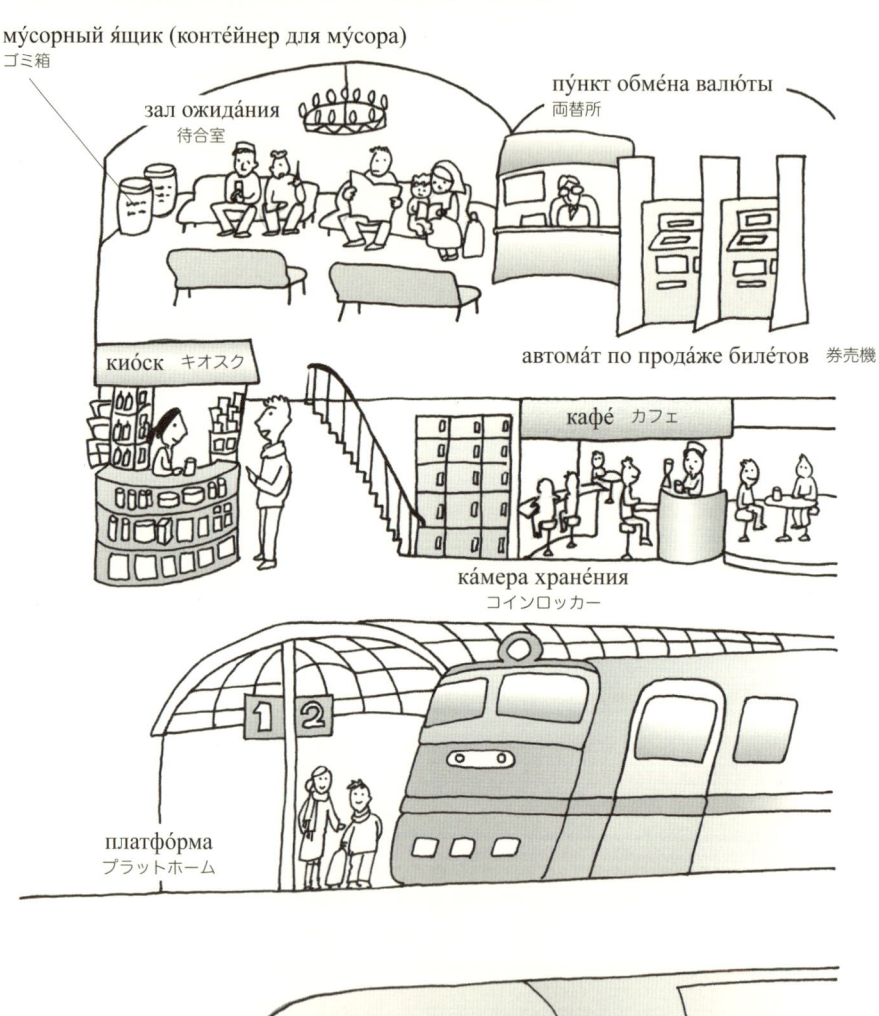

му́сорный я́щик (конте́йнер для му́сора)
ゴミ箱

зал ожида́ния
待合室

пункт обме́на валю́ты
両替所

кио́ск キオスク

автома́т по прода́же биле́тов　券売機

кафе́　カフェ

ка́мера хране́ния
コインロッカー

платфо́рма
プラットホーム

по́езд　列車

проводни́к
車掌

расписа́ние 時刻表

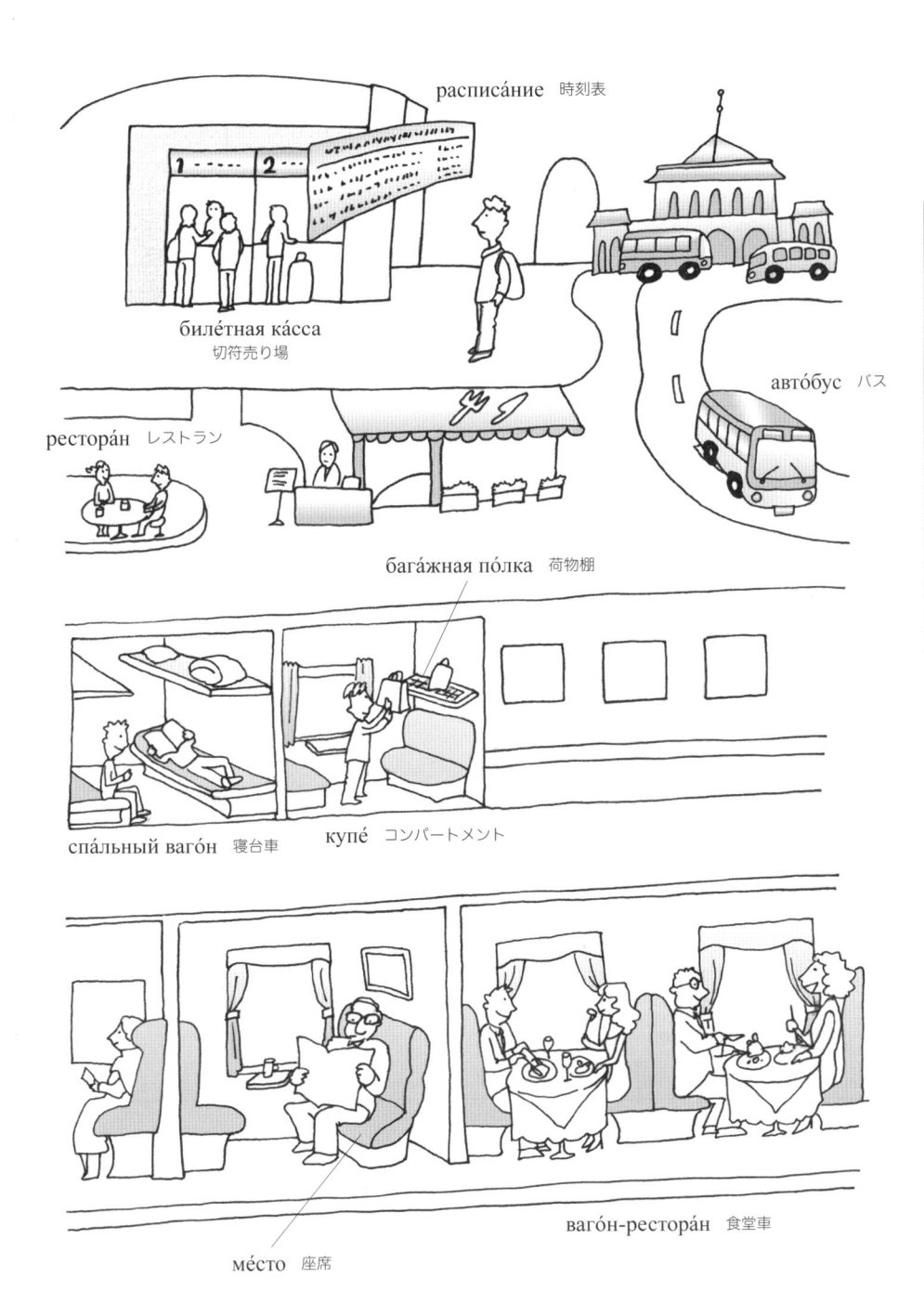

биле́тная ка́сса
切符売り場

ресторан レストラン

авто́бус バス

бага́жная по́лка 荷物棚

спа́льный ваго́н 寝台車

купе́ コンパートメント

ваго́н-ресторан 食堂車

ме́сто 座席

Часть тре́тья. По́езд 列車

文法

名詞の格変化 ③

● 女性名詞

単数主格	газе́та 新聞	сестра́ 姉(妹)	неде́ля 週	фами́лия 名字	тетра́дь ノート
生格	газе́ты	сестры́	неде́ли	фами́лии	тетра́ди
与格	газе́те	сестре́	неде́ле	фами́лии	тетра́ди
対格	газе́ту	сестру́	неде́лю	фами́лию	тетра́дь
造格	газе́той	сестро́й	неде́лей	фами́лией	тетра́дью
前置格	газе́те	сестре́	неде́ле	фами́лии	тетра́ди

複数主格	газе́ты	сёстры	неде́ли	фами́лии	тетра́ди
生格	газе́т	сестёр	неде́ль	фами́лий	тетра́дей
与格	газе́там	сёстрам	неде́лям	фами́лиям	тетра́дям
対格	газе́ты	сестёр	неде́ли	фами́лии	тетра́ди
造格	газе́тами	сёстрами	неде́лями	фами́лиями	тетра́дями
前置格	газе́тах	сёстрах	неде́лях	фами́лиях	тетра́дях

　人や動物を表す名詞（例 сестра́）の複数対格は複数生格と同形になります。それ以外の名詞（例 газе́та, неде́ля, фами́лия, тетра́дь）の複数対格は複数主格と同形です。
　アクセントが移動する語があります（例 сестра́）。

モスクワの大聖堂
©iStockphoto.com/cloki

Часть 4

Track24-32

Часть четвёртая.
В го́роде (1)   街で（1）

------

1   **На по́чте**   郵便局で

2   **В ба́нке**   銀行で

3   **В театра́льной ка́ссе**   劇場のチケット売り場で

1 На почте ····· 郵便局で　　Track 24

Ступень1　郵便局で日本に宛てて郵便物を出します。まずはCDを聴いてみましょう。

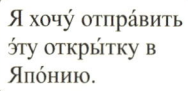

— Я хочу отправить эту открытку в Японию.

— В Японию? 19 (Девятнадцать) рублей.

— И это письмо, пожалуйста.

— За письмо 22 (двадцать два) рубля 50 (пятьдесят) копеек.

Рика отправляет открытку в Японию.

Рика спрашивает, сколько стоит отправить письмо в Японию.

— Дайте, пожалуйста, марки.

— Я хотела бы также послать в Японию посылку.

Рика покупает марки.

Рика хочет также послать посылку.

重要表現を覚えましょう。
キーフレーズ

◇ Я хочу отправить эту открытку в Японию.
この絵葉書を日本へ送りたいのですが。

◇ Дайте, пожалуйста, марки.
切手をください。

◇ Я хотела бы также послать в Японию посылку.
日本に小包も送りたいのですが。

◇ Если послать посылку морем, как долго она будет идти?
船便だとどれくらいかかりますか？

● Советую вам отправить посылку с EMS.
EMSで送ることをお勧めします。

Ступень1 **1** Track 24

— Если послать посылку морем, как долго она будет идти?
— Около трёх месяцев.

— Тогда авиапочтой, пожалуйста.
— Тем не менее, будет идти две – три недели.

Рика спрашивает, сколько дней будет идти посылка морем.

Рика решает послать посылку авиапочтой.

— Советую вам отправить посылку с EMS. Это быстрее и надёжнее.
— Хорошо, отправьте, пожалуйста, с EMS.

— Укажите, пожалуйста, имя и адрес отправителя и получателя, а также содержание и стоимость посылки.
— Хорошо, понятно.

Служащий советует отправить посылку с EMS (международной экспресс-почтой).

Служащий даёт Рике необходимые бланки.

Часть четвёртая. В городе (1) 街で(1)

- Укажите, пожалуйста, имя и адрес отправителя и получателя, а также содержание и стоимость посылки.
  差出人と受取人の名前と住所，中身とその金額を記入してください。

1 На по́чте

Track 25

Ступе́нь2 今度はリカになって尋ねてみましょう。

В Япо́нию? 19 (Девятна́дцать) рубле́й.

За письмо́ 22 (два́дцать два) рубля́ 50 (пятьдеся́т) копе́ек.

Ри́ка отправля́ет откры́тку в Япо́нию.

Ри́ка спра́шивает, ско́лько сто́ит отпра́вить письмо́ в Япо́нию.

Ри́ка покупа́ет ма́рки.

Ри́ка хо́чет та́кже посла́ть посы́лку.

郵便局で役に立つ表現を覚えましょう。
応用表現
Track 26

◇ У вас есть па́мятные почто́вые ма́рки?
記念切手はありますか？

◇ Я хоте́л (хоте́ла) бы посла́ть э́то мо́рем / авиапо́чтой / заказны́м / с экспре́сс-доста́вкой.
これを船便 / 航空便 / 書留 / 速達で送りたいのですが。

◇ Есть ли ограниче́ние по ве́су?
重量制限はありますか？

● Есть ли в ва́шей посы́лке бью́щиеся предме́ты?
この小包の中には割れ物が入っていますか？

Ступень2 **1** Track 25

Около трёх месяцев.

Тем не менее, будет идти две – три недели.

Рика спрашивает, сколько дней будет идти посылка морем.

Рика решает послать посылку авиапочтой.

Советую вам отправить посылку с EMS. Это быстрее и надёжнее.

Укажите, пожалуйста, имя и адрес отправителя и получателя, а также содержание и стоимость посылки.

Служащий советует отправить посылку с EMS (международной экспресс-почтой).

Служащий даёт Рике необходимые бланки.

- Эта посылка весит три с половиной килограмма.
  この小包の重さは3キロ半です。

- Какова стоимость этой посылки?
  この小包にはどれくらいの価値がありますか？

Часть четвёртая. В городе (1) 街で(1)

1 郵便局で

- イラスト1　リカは日本宛ての絵葉書を出しに来ました。
  - リカ　：　この絵葉書を日本へ送りたいのですが。
  - 局員　：　日本までですか？　19 ルーブルです。

- イラスト2　リカは日本宛ての封書の送料を尋ねます。
  - リカ　：　この手紙もお願いします。
  - 局員　：　封書は 22 ルーブル 50 コペイカです。

- イラスト3　リカは切手を買います。
  - リカ　：　それでは，切手をください。

- イラスト4　リカは小包も送るつもりです。
  - リカ　：　日本に小包も送りたいのですが。

- イラスト5　リカは船便だとどれくらい日数がかかるか尋ねます。
  - リカ　：　船便だとどれくらいかかりますか？
  - 局員　：　3 カ月ほどかかります。

- イラスト6　リカは航空便で送ることにします。
  - リカ　：　それでは航空便にします。
  - 局員　：　それでも，2, 3 週間はかかりますよ。

- イラスト7　局員は EMS（国際スピード郵便）で発送することを勧めます。
  - 局員　：　EMS で送ることをお勧めします。その方が速くて確実です。
  - リカ　：　では，EMS でお願いします。

- イラスト8　局員はリカに必要な書類を渡します。
  - 局員　：　差出人と受取人の名前と住所，中身とその金額を記入してください。
  - リカ　：　わかりました。

知ってお得なロシア情報

とても残念なことですが，ロシアの郵便事情はよくありません。モスクワから航空便で日本宛てにハガキや封書を発送しても10日から3週間程度はかかります。最悪の場合，届かないこともあります。というわけで，郵便物をできるだけ確実に届けたい場合はEMS（国際スピード郵便）か国際宅配便のDHLを利用することをお勧めします。

住所は国名だけ Япония とロシア語で，あるいは Japan と英語（または Japon とフランス語）で表記しておけば，あとは日本語で住所を書いてもかまいません。航空便の場合は Авиа あるいは Air Mail （または Par Avion）と記入しておきましょう。

ボキャブラリー

авиапóчта　航空便
посы́лка мóрем　船便
конвéрт　封筒
почтóвый я́щик　郵便ポスト
почтóвое отправлéние　郵便物
откры́тка　ハガキ
посы́лка　小包
пóчта　郵便局
почтóвый слу́жащий　郵便局員
мáрка　切手
послáть (отпрáвить)　送る
отправи́тель　差出人
получáтель　受取人
áдрес　住所
почтóвый и́ндекс　郵便番号

2 В банке …… 銀行で

Track 27

Ступень1 リカは銀行に両替をしに行きます。

Я хотела бы обменять доллары на рубли.

Сколько денег вы хотите обменять?

500 (Пятьсот) долларов.

Рика хочет обменять деньги.

Служащий спрашивает Рику, какую сумму она хочет обменять.

Вот, ваши 15.055 (пятнадцать тысяч пятьдесят пять) рублей.

Спасибо.

Извините, разменяйте, пожалуйста, эту банкноту на мелочь.

Служащий даёт Рике рубли.

Рике нужна также мелочь.

重要表現を覚えましょう。
キーフレーズ

◇ **Я хотела бы обменять доллары на рубли.**
ドルをルーブルに両替したいのですが。

● **Сколько денег вы хотите обменять?**
いくら両替されますか？

◇ **Разменяйте, пожалуйста, эту банкноту на мелочь.**
このお札を小銭に替えてください。

◇ **Можно обменять эти дорожные чеки на рубли?**
このトラベラーズチェックをルーブルに替えられますか？

● **Подпишите дорожные чеки, пожалуйста.**
トラベラーズチェックにサインしてください。

Ступе́нь1 **2** Track 27

Часть четвёртая. В го́роде (1) 街で(1)

— Мо́жно обменя́ть э́ти доро́жные че́ки на рубли́?
— Да, мо́жно. Пожа́луйста, ваш па́спорт.

Ри́ка спра́шивает слу́жащего, мо́жно ли обменя́ть доро́жные че́ки на нали́чные.

— Подпиши́те доро́жные че́ки, пожа́луйста.
— Да, хорошо́.

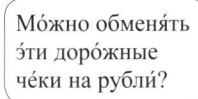

Слу́жащий про́сит Ри́ку поста́вить свою́ по́дпись на доро́жных че́ках.

— Мо́жно снять де́ньги с банкома́та по э́той креди́тной ка́рте?
— Да, мо́жно.

Ри́ка хо́чет снять нали́чные с банкома́та по креди́тной ка́рте.

— Вы не могли́ бы мне помо́чь?
— Да, коне́чно.

Ри́ка про́сит слу́жащего помо́чь ей.

◇ Мо́жно снять де́ньги с банкома́та по э́той креди́тной ка́рте?
このカードでATMからお金を引き出せますか？

◇ Вы не могли́ бы мне помо́чь?
手伝っていただけますか？

2 В банке

Track 28

Ступень2 今度はリカになって銀行に行ってみましょう。

Сколько денег вы хотите обменять?

Рика хочет обменять деньги.

Служащий спрашивает Рику, какую сумму она хочет обменять.

Вот, ваши 15.055 (пятнадцать тысяч пятьдесят пять) рублей.

Служащий даёт Рике рубли.

Рике нужна также мелочь.

銀行で役に立つ表現を覚えましょう。
応用表現

Track 29

◇ Где можно обменять дорожные чеки / деньги (валюту)?
トラベラーズチェック / お金はどこで替えられますか？

◇ Где здесь банкомат?
ATMはどこですか？

● Мы не меняем дорожные чеки.
トラベラーズチェックは受け付けておりません。

◇ Какой у вас курс иены?
円の両替レートはどのくらいですか？

◇ Какой у вас комиссионный сбор?
手数料はいくらですか？

> Да, мо́жно. Пожа́луйста, ваш па́спорт.

> Подпиши́те доро́жные че́ки, пожа́луйста.

Ри́ка спра́шивает слу́жащего, мо́жно ли обменя́ть доро́жные че́ки на нали́чные.

Слу́жащий про́сит Ри́ку поста́вить свою́ по́дпись на доро́жных че́ках.

> Да, мо́жно.

> Да, коне́чно.

Ри́ка хо́чет снять нали́чные с банкома́та по креди́тной ка́рте.

Ри́ка про́сит слу́жащего помо́чь ей.

- Вы должны́ пойти́ в бо́лее кру́пный банк.
  もっと大きな銀行に行ってください。
- ◇ Ка́жется, здесь оши́бка в подсчётах.
  計算が合っていないようです。
- Прове́рьте, пожа́луйста, ещё раз.
  もう一度確認してください。

2 銀行で

(イラスト1) リカは両替したいと思っています。
リカ　　：　ドルをルーブルに両替したいのですが。

(イラスト2) 銀行員はリカに両替したい額を尋ねます。
銀行員　：　いくら両替されますか？
リカ　　：　500ドルです。

(イラスト3) 銀行員はルーブルを渡します。
銀行員　：　はい，15,055ルーブルです。
リカ　　：　どうも。

(イラスト4) リカは小銭も必要としています。
リカ　　：　すみませんが，このお札を小銭に替えてください。

(イラスト5) リカは銀行員にトラベラーズチェックを現金に替えられるか尋ねます。
リカ　　：　このトラベラーズチェックをルーブルに替えられますか？
銀行員　：　はい，替えられます。パスポートをお願いします。

(イラスト6) 銀行員はリカにトラベラーズチェックにサインするように求めます。
銀行員　：　トラベラーズチェックにサインしてください。
リカ　　：　わかりました。

(イラスト7) リカはATMからクレジットカードで現金を引き出したいと思っています。
リカ　　：　このカードでATMからお金を引き出せますか？
銀行員　：　ええ，できます。

(イラスト8) リカは銀行員に手伝ってくれるよう頼みます。
リカ　　：　手伝っていただけますか？
銀行員　：　はい，もちろんです。

知ってお得なロシア情報

　銀行は平日の8時（あるいは9時）から18時までの営業となっています。両替は銀行だけでなく，市中にある両替所でもできます。**ОБМЕН ВАЛЮТЫ** という看板が出ています。交換レートは一般に銀行よりもよくなっています。また，ATMからクレジットカードを使って現金を引き出すこともできます。

　現在，10, 50, 100, 500, 1000, 5000ルーブルの6種類の紙幣，1, 5, 10, 50コペイカ，1, 2, 5, 10ルーブルの8種類の硬貨が流通しています。

ボキャブラリー

банкно́та　紙幣
моне́та　硬貨
ме́лочь　小銭
сда́ча　お釣り
нали́чные　現金
рубль　ルーブル
до́ллар　ドル
е́вро　ユーロ
банк　銀行
пункт обме́на валю́ты　両替所
обменя́ть де́ньги (валю́ту)　両替する
доро́жные че́ки　トラベラーズチェック
комиссио́нный сбор　手数料
банкома́т　ATM
ба́нковский слу́жащий　銀行員
обме́нный курс　為替レート

3 В театра́льной ка́ссе ⋯⋯ 劇場のチケット売り場で　Track 30

Ступе́нь1　リカは芝居を観に行くことにしました。まずは CD を聴いてみましょう。

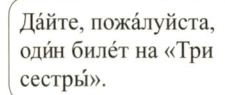

— Да́йте, пожа́луйста, оди́н биле́т на «Три сестры́».
— На сего́дня?

Рика идёт в театра́льную ка́ссу.

— Нет, на 20 (двадца́тое) октября́. У вас ещё оста́лись биле́ты за 800 (восемьсо́т) рубле́й?

Рика выбира́ет биле́т.

— К сожале́нию, биле́ты за 800 (восемьсо́т) рубле́й уже́ все про́даны. А за 1000 (ты́сячу) рубле́й ещё оста́лись.

— Хорошо́, да́йте, пожа́луйста, оди́н биле́т за ты́сячу рубле́й.

Касси́р объясня́ет, каки́е биле́ты ещё оста́лись.

Рика покупа́ет биле́т за ты́сячу рубле́й.

重要表現を覚えましょう。
キーフレーズ

◇ Да́йте, пожа́луйста, оди́н биле́т на «Три сестры́».
「三人姉妹」のチケットを1枚ください。

◇ У вас ещё оста́лись биле́ты за 800 (восемьсо́т) рубле́й?
800ルーブルのチケットはまだありますか？

● К сожале́нию, биле́ты за 800 (восемьсо́т) рубле́й уже́ все про́даны.
残念ながら，800ルーブルのチケットは売り切れました。

◇ У вас есть ски́дка для студе́нтов?
学割はありますか？

Ступень1 3 Track 30

У вас есть скидка для студентов?

Да, есть. Покажите ваш студенческий билет.

Когда начинается представление?

В 19 (девятнадцать) часов.

Рика спрашивает о скидке для студентов.

Рика спрашивает о времени начала представления.

Как долго длится представление?

Примерно три часа. Во время представления будет антракт 20 (двадцать) минут.

Вот ваш билет.

Спасибо.

Рика спрашивает о продолжительности представления.

Рика получает билет.

- Покажите ваш студенческий билет.
  学生証を見せてください。

◇ Когда начинается представление?
  開演は何時ですか？

◇ Как долго длится представление?
  上演時間は何時間ですか？

- Во время представления будет антракт 20 (двадцать) минут.
  途中、20分の休憩があります。

- Вот ваш билет.
  こちらがチケットです。

Часть четвёртая. В городе (1) 街で(1)

83

3 В театра́льной ка́ссе

Track 31

Ступе́нь2 今度はリカになって芝居のチケットを買ってみましょう。

На сего́дня?

Рика идёт в театра́льную ка́ссу.

Рика выбира́ет биле́т.

К сожале́нию, биле́ты за 800 (восемьсо́т) рубле́й уже́ все про́даны. А за 1000 (ты́сячу) рубле́й ещё оста́лись.

Касси́р объясня́ет, каки́е биле́ты ещё оста́лись.

Рика покупа́ет биле́т за ты́сячу рубле́й.

チケット売り場で役に立つ表現を覚えましょう。
応用表現

Track 32

◇ Како́е сего́дня представле́ние?
今日の演目は何ですか？

◇ До како́го числа́ бу́дет идти́ э́то представле́ние?
この演目は何日までやっていますか？

◇ Ско́лько сто́ят са́мые дешёвые биле́ты?
一番安い席はいくらですか？

◇ У вас ещё есть биле́ты?
まだ切符は手に入りますか？

◇ У вас есть ски́дка для групп?
団体割引はありますか？

Ступéнь2 **3** Track 31

	Да, есть. Покажи́те ваш студéнческий билéт.

	В 19 (девятнáдцать) часóв.

Ри́ка спрáшивает о ски́дке для студéнтов.

Ри́ка спрáшивает о врéмени начáла представлéния.

	Примéрно три часá. Во врéмя представлéния бýдет антрáкт 20 (двáдцать) минýт.

Вот ваш билéт.	

Ри́ка спрáшивает о продолжи́тельности представлéния.

Ри́ка получáет билéт.

Часть четвёртая. В гóроде (1) 街で(1)

◇ Каки́е театрáльные постанóвки сейчáс популя́рны?
いま人気のある芝居は何ですか？

● Все билéты на э́ту постанóвку прóданы.
この公演のチケットは完売しました。

◇ Дáйте, пожáлуйста, прогрáмму.
プログラムをください。

◇ Где здесь мóжно кури́ть?
どこで喫煙できますか？

◇ Где здесь мóжно купи́ть напи́тки?
飲み物はどこで買えますか？

◇ Где здесь гардерóб / туалéт?
クローク / トイレはどこですか？

◇ Извини́те, по-мóему, э́то моё мéсто.
失礼ですが、そこは私の席だと思いますが。

85

3 劇場のチケット売り場で

（イラスト1） リカはチケット売り場に行きます。
　　　　　　リカ　：「三人姉妹」のチケットを1枚ください。
　　　　　　係員　：今晩の上演分ですか？

（イラスト2） リカはチケットの予約をします。
　　　　　　リカ　：いいえ，10月20日上演のチケットです。800ルーブルのチケットはまだありますか？

（イラスト3） 係員はどのチケットがまだあるか説明します。
　　　　　　係員　：残念ながら，800ルーブルのチケットは売り切れました。1,000ルーブルのチケットならまだあります。

（イラスト4） リカは1,000ルーブルのチケットを購入します。
　　　　　　リカ　：それでは，1,000ルーブルのチケットを1枚ください。

（イラスト5） リカは学割について尋ねます。
　　　　　　リカ　：学割はありますか？
　　　　　　係員　：はい，あります。学生証を見せてください。

（イラスト6） リカは開演時間を尋ねます。
　　　　　　リカ　：開演は何時ですか？
　　　　　　係員　：19時です。

（イラスト7） リカは上演時間を尋ねます。
　　　　　　リカ　：上演は何時間ですか？
　　　　　　係員　：約3時間です。途中，20分の休憩があります。

（イラスト8） リカはチケットを受け取ります。
　　　　　　係員　：こちらがチケットです。
　　　　　　リカ　：どうも。

知ってお得なロシア情報

　オペラ，バレエ，演劇，コンサートなどを生で鑑賞できるのも，ロシア滞在の魅力です。ロシアに行ったらぜひ劇場にも足を運んでみてください。モスクワならボリショイ劇場（Большо́й теа́тр），サンクトペテルブルクならマリインスキー劇場（Марии́нский теа́тр）がお勧めです。チケットは劇場の売場だけでなく，市内のプレイガイドやホテルのフロントなどでも入手できます。

　西側の大作を味わうもよし，ロシアの大作（ムソルグスキーの「ボリス・ゴドゥノフ *Бори́с Годуно́в*」，チャイコフスキーの「スペードの女王 *Пи́ковая да́ма*」，「エヴゲニー・オネーギン *Евге́ний Оне́гин*」など）を味わうもよし。出かける時はできれば正装がいいと思います。ジーンズを履いたラフな格好の人はあまり見かけません。

ボキャブラリー

бале́т　バレエ
о́пера　オペラ
опере́тта　オペレッタ
мю́зикл　ミュージカル
орке́стр　オーケストラ
дирижёр　指揮者
исполня́ть на бис　アンコール
конце́рт　コンサート
биле́т　チケット
биле́тная ка́сса　チケット売り場
предвари́тельные биле́ты　前売り券
переры́в (антра́кт)　休憩時間
ло́жа　ボックス席
балко́н　バルコニー席
ме́сто　席
сце́на　ステージ
гардеро́б　クローク

イラスト辞書 Словарь с иллюстрациями

- кинотеа́тр (кино́) 映画館
- банкома́т ATM
- банк 銀行
- ба́нковский слу́жащий 銀行員
- око́шко 窓口
- по́чта 郵便局
- письмо́ 手紙
- откры́тка 絵葉書
- почто́вая слу́жащая 郵便局員
- посы́лка 小包
- ма́рка 切手
- па́мятная ма́рка 記念切手
- почто́вый я́щик 郵便ポスト
- теа́тр 劇場
- биле́тная ка́сса チケット売り場
- арти́ст (актёр) 俳優
- сце́на 舞台
- зри́тельница 観客

88

文 法

▎形容詞の格変化 ①

形容詞は次のように格変化します。複数は3性共通です。

● 硬変化

нóвый「新しい」を例に格変化を以下に示します。

	男性単数	中性単数	女性単数	複数
主格	нóвый	нóвое	нóвая	нóвые
生格	нóвого		нóвой	нóвых
与格	нóвому		нóвой	нóвым
対格	нóвый / нóвого	нóвое	нóвую	нóвые / нóвых
造格	нóвым		нóвой	нóвыми
前置格	нóвом		нóвой	нóвых

男性単数と中性単数の生格・与格・造格・前置格は同形です。
нóвого は [nóvəvə] と発音します。
男性単数対格は，人や動物を表す名詞とともに用いられる場合は生格と同形に，それ以外の名詞とともに用いられる場合は主格と同形になります。複数対格も同様に，人や動物を表す名詞とともに用いられる場合は生格と同形に，それ以外の名詞とともに用いられる場合は主格と同形になります。なお，中性名詞の複数は，ごくわずかな語を除いて，常に主格＝対格です。
男性単数主格が -кий で終わる形容詞も硬変化に属します。正書法の規則により，к の後では ы ではなく，и があらわれます。рýсский「ロシア（語・人）の」を例に格変化を示せば，以下のとおりです。

	男性単数	中性単数	女性単数	複数
主格	рýсский	рýсское	рýсская	рýсские
生格	рýсского		рýсской	рýсских
与格	рýсскому		рýсской	рýсским
対格	рýсский / рýсского	рýсское	рýсскую	рýсские / рýсских
造格	рýсским		рýсской	рýсскими
前置格	рýсском		рýсской	рýсских

男性単数主格が -óй となる，語尾にアクセントを持つ形容詞も硬変化の一種です。голубóй「空色の」を例に格変化を示せば，以下のとおりです。

	男性単数	中性単数	女性単数	複数
主格	голубóй	голубóе	голубáя	голубы́е
生格	голубóго		голубóй	голубы́х
与格	голубóму		голубóй	голубы́м
対格	голубóй / голубóго	голубóе	голубýю	голубы́е / голубы́х
造格	голубы́м		голубóй	голубы́ми
前置格	голубóм		голубóй	голубы́х

エルミタージュ美術館，サンクトペテルブルク
©iStockphoto.com/RudolfT

Часть 5

Track 33-38

Часть пя́тая.
В го́роде (2)   街で（2）

- **1** Пое́здка на такси́ タクシーに乗る
- **2** Доро́га 道を尋ねる

1 Поездка на такси …… タクシーに乗る　　Track 33

Ступень1　タクシー乗り場のシーンです。まずはCDを聴いてみましょう。

— Мо́жно?
— Пожа́луйста, сади́тесь.

Стоя́нка такси́.

— У меня́ бага́ж.
— Я положу́ его́ в бага́жник.

Ри́ка говори́т такси́сту, что у неё есть бага́ж.

— Куда́ пое́дем?
— В гости́ницу «Ко́смос», пожа́луйста.

Такси́ст спра́шивает, куда́ хо́чет е́хать Ри́ка.

— Э́то на проспе́кте Ми́ра?
— Да. Проспе́кт Ми́ра, дом 150 (сто пятьдеся́т).

Такси́ст уточня́ет а́дрес.

重要表現を覚えましょう。
キーフレーズ

◇ Мо́жно?
　いいですか？

◇ У меня́ бага́ж.
　荷物があるのですが。

◇ В гости́ницу «Ко́смос», пожа́луйста.
　ホテル・コスモスまでお願いします。

◇ Ско́лько приме́рно туда́ ну́жно е́хать?
　だいたいどれくらいかかりますか？

◇ Я тороплю́сь.
　急いでいるのですが。

◇ Ско́лько с меня́?
　おいくらですか？

◇ Спаси́бо, сда́чи не на́до.
　お釣りは取っておいてください。

- Сколько примерно туда нужно ехать?
- Около 30 (тридцати) минут.

Рика спрашивает, сколько потребуется времени, чтобы доехать до гостиницы.

- Как, так долго? Я тороплюсь.
- В это время дорога очень загружена.

Таксист говорит о состоянии дороги.

- Ну вот и приехали.
- Сколько с меня?

Рика спрашивает, сколько она должна заплатить.

- 380 (Триста восемьдесят) рублей.
- Спасибо, сдачи не надо.

Рика расплачивается за поездку.

1. Поездка на такси

Track 34

Ступень2 今度はリカになったつもりで言ってみましょう。

(Пожалуйста, садитесь.)

(Я положу его в багажник.)

Стоянка такси.

Рика говорит таксисту, что у неё есть багаж.

(Куда поедем?)

(Это на проспекте Мира?)

Таксист спрашивает, куда хочет ехать Рика.

Таксист уточняет адрес.

タクシーに乗る際に役に立つ表現を覚えましょう。
応用表現

Track 35

◇ Поезжайте, пожалуйста, по этому адресу.
この住所までお願いします。

◇ Остановитесь, пожалуйста, здесь.
ここで停まってください。

◇ Здесь можно курить?
タバコを吸ってもいいですか？

◇ Можно открыть окно?
窓を開けてもいいですか？

◇ Вы не могли бы включить / выключить кондиционер?
暖房を入れて / 切っていただけますか？

Ступе́нь2 1 Track 34

Около 30 (тридцати́) мину́т.

В э́то вре́мя доро́га о́чень загру́жена.

Ри́ка спра́шивает, ско́лько потре́буется вре́мени, что́бы дое́хать до гости́ницы.

Такси́ст говори́т о состоя́нии доро́ги.

Ну вот и прие́хали.

380 (Три́ста во́семьдесят) рубле́й.

Ри́ка спра́шивает, ско́лько она́ должна́ заплати́ть.

Ри́ка распла́чивается за пое́здку.

Часть пя́тая. В го́роде (2) 街で(2)

◇ Не могли́ бы вы е́хать поме́дленнее?
もう少しゆっくり走っていただけませんか？

◇ Нет ли коро́ткой доро́ги?
近道はありませんか？

◇ Ско́лько сто́ит дое́хать до Большо́го теа́тра?
ボリショイ劇場までいくらかかりますか？

◇ Вы довезёте до аэропо́рта Шереме́тьево за 500 (пятьсо́т) рубле́й?
500ルーブルでシェレメーチェヴォ国際空港まで行ってもらえますか？

● Пристегни́те, пожа́луйста, реме́нь безопа́сности.
シートベルトを締めてください。

1

タクシーに乗る

- イラスト1　タクシー乗り場
  - リカ　　：いいですか？
  - 運転手　：どうぞ，お乗りください。

- イラスト2　リカは荷物があることを伝えます。
  - リカ　　：荷物があるのですが。
  - 運転手　：私がトランクに入れます。

- イラスト3　運転手が行き先を尋ねます。
  - 運転手　：どちらまで？
  - リカ　　：ホテル・コスモスまでお願いします。

- イラスト4　運転手は住所を確認します。
  - 運転手　：ミール大通りのホテルですか？
  - リカ　　：そうです。ミール大通り150番です。

- イラスト5　リカは所要時間を尋ねます。
  - リカ　　：だいたいどれくらいかかりますか？
  - 運転手　：30分くらいです。

- イラスト6　運転手は道路状況を説明します。
  - リカ　　：えっ，そんなにかかるんですか？　急いでいるのですが。
  - 運転手　：この時間は通りが混んでいるんですよ。

- イラスト7　リカは料金を尋ねます。
  - 運転手　：さあ，着きましたよ。
  - リカ　　：おいくらですか？

- イラスト8　リカは料金を払います。
  - 運転手　：380ルーブルです。
  - リカ　　：お釣りは取っておいてください。

知ってお得なロシア情報

公共交通機関が利用できない場合や地理に不案内な場合には、タクシーが便利なのは日本と変わりません。ロシアのタクシーでは、基本的に、乗る前に運転手と料金の交渉をします（メーター制のタクシーがないわけではありませんが）。相手が外国人となると法外な値をふっかけてくる運転手もいますので、粘り強く交渉することが必要です。

白タクの数はかなりに上ります。道を知らないどころか、なかにはロシア語があまりできない運転手さえいます（なにしろロシアは典型的な多民族国家ですから）。さらに、犯罪との関与も取り沙汰される始末。にもかかわらず、白タクが便利だという声もあります。問題の根本は正規タクシー運転手の不足でしょう。

実を言うと、ロシアでは白タクと正規タクシーの違いすらあいまいです。

ボキャブラリー

такси́ст　タクシー運転手
бага́жник　トランク
сда́ча　お釣り
реме́нь безопа́сности　シートベルト
стоя́нка такси́　タクシー乗り場
таксо́метр　料金メーター
сесть　乗る
вы́йти　降りる
а́дрес　住所
ме́сто назначе́ния　目的地
односторо́ннее движе́ние　一方通行
час пик　ラッシュアワー

2 Доро́га ⋯⋯ 道を尋ねる

Track 36

Ступе́нь1 郵便局が見つからないので，人に尋ねることにしました。まずはCDを聴いてみましょう。

— Извини́те, как дойти́ до ближа́йшей по́чты?

— Иди́те пря́мо, а на второ́м перекрёстке поверни́те напра́во.

Ри́ка спра́шивает доро́гу на по́чту.

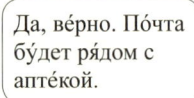

— Снача́ла идти́ пря́мо, а пото́м на второ́м перекрёстке поверну́ть напра́во, так?

— Да, ве́рно. По́чта бу́дет ря́дом с апте́кой.

Ри́ка для ве́рности повторя́ет вслух.

— Здесь поблизости есть банк?

— Да, есть.

Ри́ка та́кже спра́шивает доро́гу в банк.

— Туда́ мо́жно дойти́ пешко́м?

— Да, э́то не о́чень далеко́.

Ри́ка спра́шивает, мо́жно ли туда́ дойти́ пешко́м.

🔑 重要表現を覚えましょう。
キーフレーズ

◇ **Извини́те, как дойти́ до ближа́йшей по́чты?**
最寄りの郵便局へはどう行けばいいですか？

● **Иди́те пря́мо, а на второ́м перекрёстке поверни́те напра́во.**
ここをまっすぐ行って，2つめの角を右に曲がってください。

● **По́чта бу́дет ря́дом с апте́кой.**
郵便局は薬局の隣にあります。

◇ **Туда́ мо́жно дойти́ пешко́м?**
そこへは歩いて行けますか？

● **Вы ви́дите там це́рковь?**
あそこに教会が見えますね。

◇ **Вы не могли́ бы показа́ть мне доро́гу по э́той ка́рте?**
この地図で説明していただけますか？

Вы ви́дите там це́рковь? Иди́те до неё, а пото́м поверни́те нале́во. Зате́м на второ́м перекрёстке поверни́те нале́во ещё раз.

Прохо́жий объясня́ет доро́гу в банк.

Извини́те, вы не могли́ бы показа́ть мне доро́гу по э́той ка́рте?

Ри́ка про́сит прохо́жего показа́ть ей доро́гу по ка́рте.

Хорошо́. Сейча́с мы нахо́димся здесь. Вот це́рковь. А банк вот здесь.

Прохо́жий объясня́ет доро́гу по ка́рте.

За ско́лько туда́ мо́жно дойти́ пешко́м?

Приме́рно за де́сять мину́т.

Большо́е вам спаси́бо.

Ри́ка спра́шивает, ско́лько пона́добится вре́мени, что́бы дойти́ до ба́нка.

● Сейча́с мы нахо́димся здесь.
今私たちがいるのはこの場所です。

◇ За ско́лько туда́ мо́жно дойти́ пешко́м?
歩いてどのくらいかかりますか？

2 Доро́га

Track 37

Ступе́нь2 今度はリカになって言ってみましょう。

Иди́те пря́мо, а на второ́м перекрёстке поверни́те напра́во.

Да, ве́рно. По́чта бу́дет ря́дом с апте́кой.

Ри́ка спра́шивает доро́гу на по́чту.

Ри́ка для ве́рности повторя́ет вслух.

Да, есть.

Да, э́то не о́чень далеко́.

Ри́ка та́кже спра́шивает доро́гу в банк.

Ри́ка спра́шивает, мо́жно ли туда́ дойти́ пешко́м.

道を尋ねる際に役に立つ表現を覚えましょう。
応用表現

Track 38

◇ Как мо́жно добра́ться до э́того а́дреса?
この住所に行くにはどうしたらいいですか？

◇ Далеко́ ли отсю́да до ста́нции метро́ / стоя́нки такси́?
地下鉄の駅 / タクシー乗り場はここから遠いですか？

◇ Как туда́ лу́чше всего́ добра́ться?
そこへはどうやっていくのが一番いいですか？

◇ Повтори́те, пожа́луйста, ещё раз.
もう一度言ってください。

Ступень2　2　Track 37

> Вы видите там церковь? Идите до неё, а потом поверните налево. Затем на втором перекрёстке поверните налево ещё раз.

Прохожий объясняет дорогу в банк.

Рика просит прохожего показать ей дорогу по карте.

> Хорошо. Сейчас мы находимся здесь. Вот церковь. А банк вот здесь.

Прохожий объясняет дорогу по карте.

> Примерно за десять минут.

Рика спрашивает, сколько понадобится времени, чтобы дойти до банка.

◇ Я не очень хорошо понял (поняла).
よく理解できませんでした。

◇ Вы не могли бы говорить немного медленнее?
もう少しゆっくり話していただけますか？

◇ Я потерял (потеряла) дорогу / Я заблудился (заблудилась).
道に迷ってしまいました。

● Перейдите эту улицу.
この通りを渡ってください。

◇ Я по этой дороге дойду до почты?
これは郵便局へ行く道で合っていますか？

Часть пятая. В городе (2)　街で(2)

2 道を尋ねる

- イラスト1　リカは郵便局までの道を尋ねます。
  - リカ　　：すみません。最寄りの郵便局へはどう行けばいいですか？
  - 通行人　：ここをまっすぐ行って，2つめの角を右に曲がってください。

- イラスト2　リカは道順を復唱して，行き方を確認します。
  - リカ　　：まずまっすぐに行って，2つ目の角を右に折れるんですね。
  - 通行人　：はい，そうです。郵便局は薬局の隣にあります。

- イラスト3　リカは銀行がどこにあるかも尋ねます。
  - リカ　　：この近くに銀行もありますか？
  - 通行人　：ええ，ありますよ。

- イラスト4　リカはそこに歩いて行けるか尋ねます。
  - リカ　　：そこへは歩いて行けますか？
  - 通行人　：ええ，それほど遠くないですよ。

- イラスト5　通行人は銀行までの道を説明します。
  - 通行人　：あそこに教会が見えますね。そこまでまっすぐに行って，それから左に曲がります。そして2つめの角をまた左に曲がってください。

- イラスト6　リカは通行人に，地図で説明してくれるように頼みます。
  - リカ　　：すみませんが，この地図で説明していただけますか？

- イラスト7　通行には地図を使って説明します。
  - 通行人　：いいですよ。今私たちがいるのはこの場所です。教会はここです。そして，銀行はここです。

- イラスト8　リカは銀行まで歩いてどのくらいかかるか尋ねます。
  - リカ　　：歩いてどのくらいかかりますか？
  - 通行人　：10分くらいでしょう。
  - リカ　　：どうもありがとうございました。

知ってお得なロシア情報

　ロシアでは基本的にすべての通りに名前があります。しかも，片側に偶数番号，もう一方の側に奇数番号の番地が並んでいます。ですから，やや詳しい地図があれば，そう頻繁に道に迷わずに済みます。

　もし道に迷ったら，通行人に聞いてみましょう。相手が複数だと，親切なのは結構なのですが，ああでもないこうでもないと侃々諤々の議論が始まる場合があります。リスニングの勉強には役立ちますが，道を聞いた意味がなくなってしまうこともも。もっとも，これは日本でもあり得ることですが。

ボキャブラリー

напра́во　右に
нале́во　左に
далеко́　遠い
бли́зко　近い
вокза́л　駅
це́рковь　教会
перекрёсток　交差点
прохо́жий　通行人
пешко́м　徒歩で
пло́щадь　広場
суперма́ркет　スーパーマーケット
больни́ца　病院
мост　橋
парк　公園

イラスト辞書 Слова́рь с иллюстра́циями

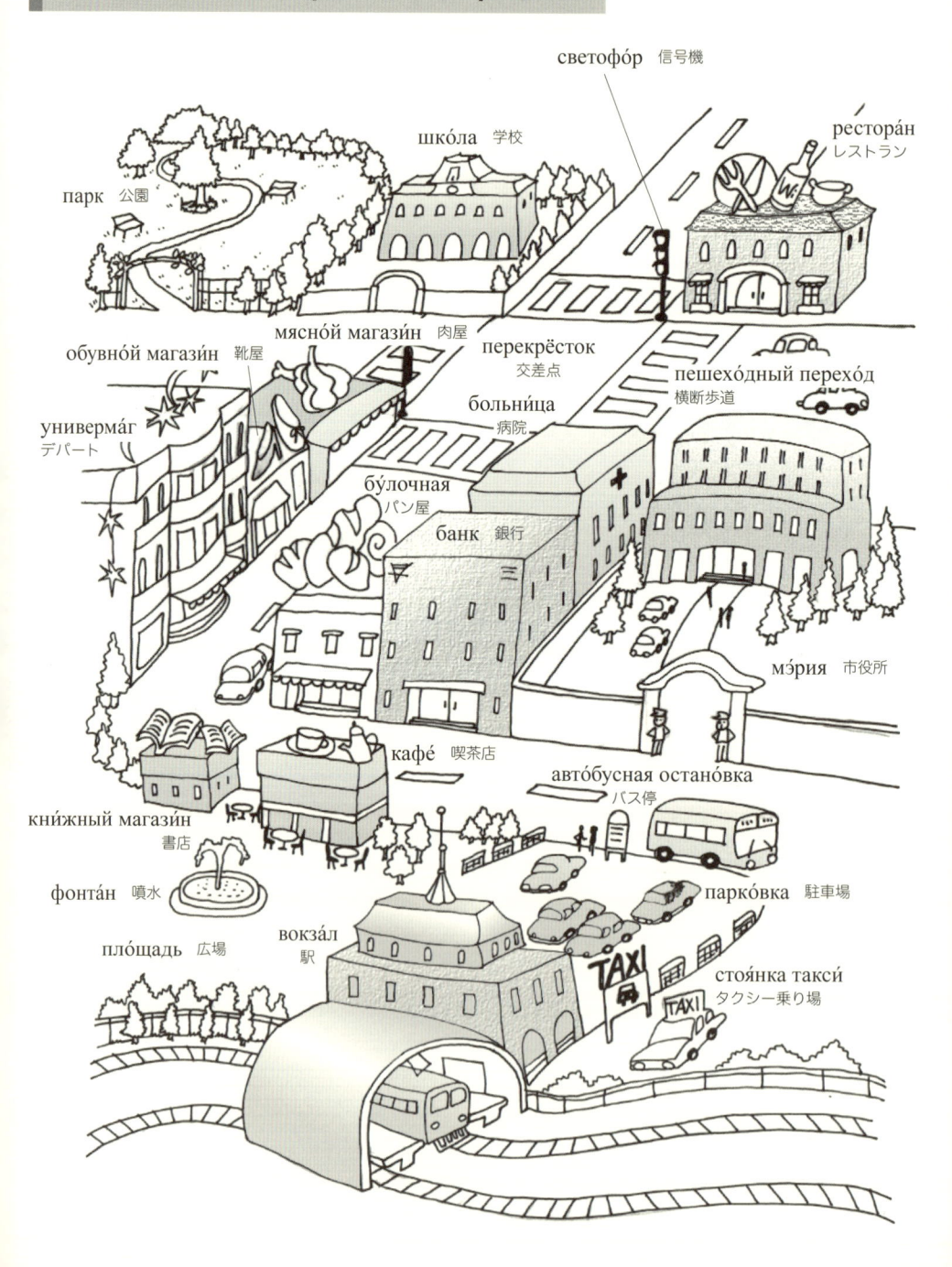

- светофо́р 信号機
- рестора́н レストラン
- шко́ла 学校
- парк 公園
- мясно́й магази́н 肉屋
- перекрёсток 交差点
- пешехо́дный перехо́д 横断歩道
- обувно́й магази́н 靴屋
- больни́ца 病院
- универма́г デパート
- бу́лочная パン屋
- банк 銀行
- мэ́рия 市役所
- кафе́ 喫茶店
- авто́бусная остано́вка バス停
- кни́жный магази́н 書店
- парко́вка 駐車場
- фонта́н 噴水
- вокза́л 駅
- пло́щадь 広場
- стоя́нка такси́ タクシー乗り場

文法

形容詞の格変化 ②

● 軟変化

си́ний「紺色の」を例に格変化を以下に示します。

	男性単数	中性単数	女性単数	複数
主格	си́ний	си́нее	си́няя	си́ние
生格	си́него		си́ней	си́них
与格	си́нему		си́ней	си́ним
対格	си́ний / си́него	си́нее	си́нюю	си́ние / си́них
造格	си́ним		си́ней	си́ними
前置格	си́нем		си́ней	си́них

хоро́ший「良い」も軟変化に属しますが、正書法の関係で ш の後には я, ю ではなく、а, у が現れます。

	男性単数	中性単数	女性単数	複数
主格	хоро́ший	хоро́шее	хоро́шая	хоро́шие
生格	хоро́шего		хоро́шей	хоро́ших
与格	хоро́шему		хоро́шей	хоро́шим
対格	хоро́ший / хоро́шего	хоро́шее	хоро́шую	хоро́шие / хоро́ших
造格	хоро́шим		хоро́шей	хоро́шими
前置格	хоро́шем		хоро́шей	хоро́ших

代名詞の格変化 ①

● 人称代名詞

	1人称単数（私）	1人称複数（私たち）
主格	я	мы
生格	меня́	нас
与格	мне	нам
対格	меня́	нас
造格	мной	на́ми
前置格	мне	нас

	2人称単数（君）	2人称複数（君たち，あなた，あなた方）
主格	ты	вы
生格	тебя́	вас
与格	тебе́	вам
対格	тебя́	вас
造格	тобо́й	ва́ми
前置格	тебе́	вас

ты は家族など親しい間柄で用いられ，вы は改まった関係にある間柄で用いられます。ただし，вы は ты の複数（君たち）の意で用いられることもあります。

	3人称単数（彼，それ）	3人称単数（彼女）	3人称複数（彼ら，それら，彼女ら）
主格	он　　оно́	она́	они́
生格	его́	её	их
与格	ему́	ей	им
対格	его́	её	их
造格	им	ей	и́ми
前置格	нём	ней	них

он, она́ は「彼」，「彼女」のほかにも，それぞれ男性名詞単数，女性名詞単数一般を受けます。同様に，оно́ は中性名詞単数一般を受けます。複数は3性に共通の они́ があるだけです。
его́ は [jivó] と発音されます。

生格，与格，対格，造格が前置詞とともに用いられる場合は，代名詞の最初に н が付きます（例 у них「彼らのもとに」〔у は生格とともに用いられる前置詞〕）。

Часть 6

Track 39-47

Часть шеста́я.
В рестора́не

レストランで

- **1** **Зака́з** 注文
- **2** **Опла́та** 支払い
- **3** **В кафе́** カフェで

1 Заказ …… 注文

Track 39

Ступень1 夜，友だちのサーシャとレストランへ行くことになりました。

— Добро́ пожа́ловать! Вот меню́, пожа́луйста.

Че́рез не́которое вре́мя…

— Каки́е напи́тки вы зака́жете?

Официа́нт прино́сит меню́.

Официа́нт принима́ет зака́з на напи́тки.

— Для меня́ стака́н бе́лого вина́, пожа́луйста.

— Я хоте́л бы пи́ва.

— Что бу́дете зака́зывать?

Са́ша и Рика зака́зывают напи́тки.

Официа́нт принима́ет зака́з.

重要表現を覚えましょう。
キーフレーズ

- Вот меню́, пожа́луйста.
  メニューをどうぞ。

- Каки́е напи́тки вы зака́жете?
  飲み物は何になさいますか？

◇ Для меня́ стака́н бе́лого вина́, пожа́луйста.
  私は白ワインをグラスでお願いします。

- Что бу́дете зака́зывать?
  ご注文は何になさいますか？

◇ Могу́ я заказа́ть ещё карто́фель фри?
  フライドポテトも追加できますか？

- Прия́тного аппети́та!
  おいしくお召し上がりください。

Ступень1 1 Track 39

Борщ и котлеты по-киевски, пожалуйста.

Рика делает заказ.

А для меня борщ и бефстроганов.

Саша делает заказ.

Могу я заказать ещё картофель фри?

Да, конечно.

Саша спрашивает, может ли он сделать дополнительный заказ.

Пожалуйста. Приятного аппетита!

Официант приносит заказ.

Часть шестая. В ресторане レストランで

1 Заказ

Track 40

Ступень2 今度はリカになって注文してみましょう。

Добро пожаловать! Вот меню, пожалуйста.

Через некоторое время…

Какие напитки вы закажете?

Официант приносит меню.

Официант принимает заказ на напитки.

Я хотел бы пива.

Что будете заказывать?

Саша и Рика заказывают напитки.

Официант принимает заказ.

レストランで役に立つ表現を覚えましょう。

応用表現

Track 41

◇ Я ещё не выбрал (не выбрала).
まだ考えているところです。

◇ Подождите минутку.
ちょっと待ってください。

◇ Я хотел бы (хотела бы) это.
（メニューを指さして）これにします。

◇ Что бы вы могли посоветовать?
このレストランのおすすめは何ですか？

◇ У вас есть что-нибудь лёгкое / малосолёное / низкокалорийное / комплексный обед?
軽くてさっぱりした料理／減塩料理／低カロリーの料理／日替わり定食はありますか？

Ступéнь2 **1** Track 40

А для меня́ борщ и бефстро́ганов.

Ри́ка де́лает зака́з.

Са́ша де́лает зака́з.

Могу́ я заказа́ть ещё карто́фель фри?

Да, коне́чно.

Пожа́луйста. Прия́тного аппети́та!

Са́ша спра́шивает, мо́жет ли он сде́лать дополни́тельный зака́з.

Официа́нт прино́сит зака́з.

Часть шеста́я. В рестора́не レストランで

◇ Я хоте́л бы (хоте́ла бы) измени́ть зака́з.
注文を変更したいのですが……。

◇ Принеси́те, пожа́луйста, соль / пе́рец / са́хар / молоко́.
塩／こしょう／砂糖／ミルクをください。

◇ В э́то блю́до вхо́дит яйцо́ / молоко́?
この料理に卵／牛乳は使われていますか？

111

1 注文

(イラスト1) ウエーターがメニューを持ってきます。
　　　　　ウエーター　：　いらっしゃいませ。メニューをどうぞ。

　　　　　しばらくして……。

(イラスト2) ウエーターが飲み物の注文を取ります。
　　　　　ウエーター　：　お飲み物は何になさいますか？

(イラスト3) サーシャとリカは飲み物を注文します。
　　　　　リカ　　　　：　私は白ワインをグラスでお願いします。
　　　　　サーシャ　　：　僕はビールをお願いします。

(イラスト4) ウエーターが料理の注文を取ります。
　　　　　ウエーター　：　ご注文は何になさいますか？

(イラスト5) リカが注文します。
　　　　　リカ　　　　：　私はボルシチとキエフ風カツレツをお願いします。

(イラスト6) サーシャが注文します。
　　　　　サーシャ　　：　僕はボルシチとビーフストロガノフをお願いします。

(イラスト7) サーシャは追加注文ができるかウエーターに尋ねます。
　　　　　サーシャ　　：　フライドポテトも追加できますか？
　　　　　ウエーター　：　ええ，もちろんできます。

(イラスト8) ウエーターが料理を持ってきます。
　　　　　ウエーター　：　さあ，どうぞ。おいしくお召し上がりください。

知ってお得なロシア情報

　時には時間をかけて，しかも豪勢に食事がしたいもの。前菜にニシンの塩漬け（солёная се́льдь, селёдка）はいかがでしょうか。ウオッカとよく合います。サラダには винегре́т がお勧めです。見た目は真っ赤（ビーツ свёкла の色）で強烈な印象を与えますが，味は甘くまろやかです。ウオッカの味になじめない方はビールをどうぞ。アルコール度の高い（кре́пкое）ビールもありますし，ノンアルコール（безалкого́льное）もあります。前菜と一緒にパンもいかがですか。黒パン（чёрный хлеб）もありますしロールパン（бу́лочка）もあります。ピロシキ（пирожо́к）もいいですね。ロシアで出されるピロシキは揚げたものではなく焼いたものが一般的です。

　お次はスープです。日本でもよく知られたボルシチ（борщ）はロシアのお袋の味と言っていいでしょう。уха́ もお勧めです。これは魚と野菜を煮込んだスープです。キャベツスープ（щи）もあっさりして，美味です。рассо́льник は日本では見られないスープです。これは塩漬けしたキュウリ（солёные огурцы́）から作られたスープです。キュウリのスープというと，とてもおいしそうには聞こえませんが，ぜひお試しあれ。その味は日本に帰ってからも恋しくなるほどです。

　そのほかにもおいしい前菜，サラダ，飲み物，パン，スープがたくさんあります。ぜひご自分の舌でご確認ください。

ボキャブラリー

аперити́в　食前酒
напи́ток　飲み物
кра́сное вино́　赤ワイン
бе́лое вино́　白ワイン
сла́дкое вино́　甘口ワイン
сухо́е вино́　辛口ワイン
пи́во　ビール
во́дка　ウォッカ
минера́льная вода́　ミネラルウォーター
заку́ска　前菜
суп　スープ
сала́т　サラダ
гла́вное блю́до　メインディッシュ
ры́бное блю́до　魚料理
мясно́е блю́до　肉料理
вегетариа́нское блю́до　ベジタリアン料理
ме́стная ку́хня　郷土料理

ру́сская ку́хня　ロシア料理
япо́нская ку́хня　日本料理
майоне́з　マヨネーズ
горчи́ца　マスタード
соль　塩
са́хар　砂糖
пе́рец　こしょう
жа́реный　焼いた
во фритю́ре　揚げた
варёный　茹でた
сыро́й　生の
сла́дкий　甘い
о́стрый　辛い
солёный　塩辛い
го́рький　苦い
ки́слый　酸っぱい
горя́чий　熱い
холо́дный　冷たい

2 Опла́та ····· 支払い

Track 42

Ступе́нь1 レストランでの食事代金を支払います。

— Вам понра́вилось?
— Да, бы́ло о́чень вку́сно.

По́сле еды́.

— Не хоти́те ли ко́фе и́ли ча́я?
— Нет, спаси́бо.

Официа́нт спра́шивает, хотя́т ли Рика и Са́ша заказа́ть что-нибудь ещё.

— Счёт, пожа́луйста.
— Вы бу́дете плати́ть вме́сте и́ли разде́льно?
— Вме́сте.
— Нет, дава́йте сего́дня ка́ждый сам за себя́. Официа́нт! Разде́льно, пожа́луйста.

Са́ша и Рика про́сят счёт.

Рика предлага́ет плати́ть разде́льно.

重要表現を覚えましょう。
キーフレーズ

◇ Бы́ло о́чень вку́сно.
とてもおいしかったです。

● Не хоти́те ли ко́фе и́ли ча́я?
コーヒーか紅茶はいかがですか？

◇ Счёт, пожа́луйста.
お勘定をお願いします。

● Вы бу́дете плати́ть вме́сте и́ли разде́льно?
お支払いはご一緒ですか，それとも別々ですか？

◇ С вас 2.600 (две ты́сячи шестьсо́т) рубле́й.
合計で2,600ルーブルです。

◇ Я хоте́ла бы заплати́ть креди́тной ка́ртой.
カードで払いたいのですが……。

Ступéнь1 ② Track 42

Вы закáзывали стакáн бéлого винá, борщ и котлéты по-кúевски, так?

С вас 2.600 (две тьíсячи шестьсóт) рублéй.

Я хотéла бы заплатúть кредúтной кáртой.

Пожáлуйста.

Официáнт перечисляéт то, что заказáла Рика.

Рика расплáчивается.

С вас 2.700 (две тьíсячи семьсóт) рублéй.

Вот 3.000 (три тьíсячи), пожáлуйста. Сдáчу остáвьте себé.

Большóе спасúбо. Приходúте к нам ещё. До свидáния.

Сáша расплáчивается.

Официáнт благодарúт Рику и Сáшу.

Часть шестáя. В ресторáне レストランで

◇ Сдáчу остáвьте себé.
　お釣りは結構です。

115

2 Оплата

Track 43

Ступень2 今度はリカになって話してみましょう。

Вам понравилось?

Не хотите ли кофе или чая?

После еды.

Официант спрашивает, хотят ли Рика и Саша заказать что-нибудь ещё.

Счёт, пожалуйста.

Вы будете платить вместе или раздельно?

Вместе.

Саша и Рика просят счёт.

Рика предлагает платить раздельно.

支払いの際に役に立つ表現を覚えましょう。

応用表現

Track 44

◇ Дайте, пожалуйста, квитанцию.
領収書をください。

◇ Принесите, пожалуйста, меню ещё раз.
もう一度メニューを持ってきてください。

◇ Сегодня я вас приглашаю.
今日は私のおごりです。

◇ Могу я заплатить по этой кредитной карте?
このクレジットカードで払えますか？

● Подпишите, пожалуйста, здесь.
ここにサインをお願いします。

Ступе́нь 2 **2** **Track 43**

Вы зака́зывали стака́н бе́лого вина́, борщ и котле́ты по-ки́евски, так?

Официа́нт перечисля́ет то, что заказа́ла Ри́ка.

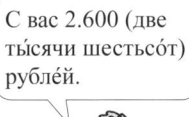

С вас 2.600 (две ты́сячи шестьсо́т) рубле́й.

Пожа́луйста.

Ри́ка распла́чивается.

С вас 2.700 (две ты́сячи семьсо́т) рубле́й.

Вот 3.000 (три ты́сячи), пожа́луйста. Сда́чу оста́вьте себе́.

Са́ша распла́чивается.

Большо́е спаси́бо. Приходи́те к нам ещё. До свида́ния.

Официа́нт благодари́т Ри́ку и Са́шу.

Часть шеста́я. В рестора́не レストランで

◇ А э́то пла́та за что?
この料金は何ですか？

◇ По-мо́ему, здесь оши́бка в счёте / в сда́че.
計算 / お釣りが違うようですが……。

2 支払い

- イラスト１　食事が済んで
  - ウエーター　：　お味はいかがでしたか？
  - リカ　　　　：　とてもおいしかったです。

- イラスト２　ウエーターはほかに注文がないか尋ねます。
  - ウエーター　：　コーヒーか紅茶はいかがですか？
  - リカ　　　　：　結構です。

- イラスト３　サーシャとリカは会計を頼みます。
  - サーシャ　　：　お勘定をお願いします。

- イラスト４　リカは割り勘で払うことを提案します。
  - ウエーター　：　お支払いはご一緒ですか，それとも別々ですか？
  - サーシャ　　：　一緒でお願いします。
  - リカ　　　　：　いいえ，今日は割り勘にしましょう。ウエーターさん！別々でお願いします。

- イラスト５　ウエーターはリカが注文したものを確認します。
  - ウエーター　：　お客様は白ワインのグラスとボルシチとキエフ風カツレツですね。

- イラスト６　リカが支払います。
  - ウエーター　：　合計で 2,600 ルーブルです。
  - リカ　　　　：　カードで払いたいのですが……。
  - ウエーター　：　承知いたしました。

- イラスト７　サーシャが支払います。
  - ウエーター　：　合計で 2,700 ルーブルです。
  - サーシャ　　：　3,000 ルーブル払います。お釣りは結構です。

- イラスト８　ウエーターが礼を言います。
  - ウエーター　：　ありがとうございました。またお越しください。さようなら。

知ってお得なロシア情報

　少食の人の場合，前菜とスープだけでお腹がいっぱいになってしまうかもしれませんが，メインディッシュもできれば味わいたいもの。肉料理では，日本でもおなじみのビーフストロガノフ（бефстро́ганов）はいかがでしょうか。鶏肉料理ならキエフ風カツレツ（котле́та по-ки́евски）がお勧めです。これは鶏肉の中にバターを入れて揚げたものです。高カロリーですので，ダイエット中の方は気をつけてください。魚料理では，ポーランド風スズキ（суда́к по-по́льски）はいかがでしょう。サケのソテー（стейк из лосо́ся）もおいしくいただけます。ロシア料理にはこのほかにもおいしい料理がたくさんありますので，グルメの方をうならせることはあっても嘆かせることはないでしょう。

ボキャブラリー

ко́фе　コーヒー
кака́о　ココア
чай　紅茶
лимона́д　レモネード
ко́ла　コーラ
апельси́новый сок　オレンジジュース
десе́рт　デザート
моро́женое　アイスクリーム
торт　ケーキ
желе́　ゼリー

3 В кафе ····· カフェで

Track 45

Ступе́нь1 サーシャとリカはカフェに来ました。

> На терра́се есть свобо́дные места́. Дава́йте ся́дем здесь.

> Добро́ пожа́ловать!

Са́ша и Ри́ка и́щут свобо́дные места́.

> Что бу́дете зака́зывать?

> Ко́фе и чизкейк (творо́жный пиро́г), пожа́луйста.

Ри́ка де́лает зака́з.

> А для меня́ чай и я́блочный пиро́г, пожа́луйста.

Са́ша де́лает зака́з.

> Вы не могли́ бы принести́ воды́?

> У нас есть минера́льная вода́. Вы хоти́те с га́зом?

> Нет, пожа́луйста, без га́за.

Ри́ка зака́зывает во́ду.

重要表現を覚えましょう。
キーフレーズ

◇ Дава́йте ся́дем здесь.
ここに座りましょう。

◇ Ко́фе и чизкейк (творо́жный пиро́г), пожа́луйста.
コーヒーとチーズケーキをお願いします。

◇ Вы не могли́ бы принести́ воды́?
お水もいただけますか？

● Кто зака́зывал ко́фе?
コーヒーはどちら様でしたでしょうか？

◇ Позво́льте мне сего́дня вас пригласи́ть.
今日は僕におごらせてください。

● Прия́тного дня.
よい一日を！

Ступе́нь1 3 Track 45

— Кто зака́зывал ко́фе?
— Я.

— Принеси́те счёт, пожа́луйста.

Официа́нт прино́сит зака́з.

Са́ша про́сит счёт.

— С вас 35 (три́дцать пять) рубле́й.
— Позво́льте мне сего́дня вас пригласи́ть.

— Большо́е спаси́бо. Прия́тного дня.
— Спаси́бо. Вам то́же.

Са́ша распла́чивается.

Са́ша и Рика выхо́дят из кафе́.

Часть шеста́я. В рестора́не レストランで

◇ Спаси́бо. Вам то́же.
ありがとう。あなたにも！

3 В кафе

Track 46

Ступень2 今度はリカになって言ってみましょう。

— Добро пожаловать!

— Что будете заказывать?

Саша и Рика ищут свободные места.

Рика делает заказ.

— А для меня чай и яблочный пирог, пожалуйста.

— У нас есть минеральная вода. Вы хотите с газом?

Саша делает заказ.

Рика заказывает воду.

カフェで役に立つ表現を覚えましょう。
応用表現

Track 47

◇ Что у вас есть перекусить?
軽食には何がありますか？

◇ Где здесь туалет?
トイレはどこですか？

● Этот столик зарезервирован.
このテーブルは予約済みです。

◇ Я разбил (разбила) стакан.
グラスを割ってしまいました。

◇ Я разлил (разлила) кофе.
コーヒーをこぼしてしまいました。

◇ Я заказывал (заказывала) чай.
私が注文したのは紅茶です。

Ступе́нь2 3 Track 46

— Кто зака́зывал ко́фе?

— Принеси́те счёт, пожа́луйста.

Официа́нт прино́сит зака́з.

Са́ша про́сит счёт.

— С вас 35 (три́дцать пять) рубле́й.
— Позво́льте мне сего́дня вас пригласи́ть.

— Большо́е спаси́бо. Прия́тного дня.
— Спаси́бо. Вам то́же.

Са́ша распла́чивается.

Са́ша и Ри́ка выхо́дят из кафе́.

Часть шеста́я. В рестора́не レストランで

3 カフェで

イラスト1 サーシャとリカは席を探します。
  リカ　　　　：　テラスが空いています。ここに座りましょう。
  ウエーター　：　いらっしゃいませ。

イラスト2 リカが注文します。
  ウエーター　：　何になさいますか？
  リカ　　　　：　コーヒーとチーズケーキをお願いします。

イラスト3 サーシャが注文します。
  サーシャ　　：　僕は紅茶とアップルパイをお願いします。

イラスト4 リカは水も頼みます。
  リカ　　　　：　お水もいただけますか？
  ウエーター　：　ミネラルウォーターをお持ちします。炭酸入りのでよろしいですか？
  リカ　　　　：　いいえ，炭酸なしのをお願いします。

イラスト5 ウエーターは注文したものを持ってきます。
  ウエーター　：　コーヒーはどちら様でしたでしょうか？
  リカ　　　　：　私です。

イラスト6 サーシャは会計を頼みます。
  サーシャ　　：　お勘定をお願いします。

イラスト7 サーシャが払います。
  ウエーター　：　全部で35ルーブルです。
  サーシャ　　：　今日は僕におごらせてください。

イラスト8 サーシャとリカはカフェを出ます。
  ウエーター　：　ありがとうございました。よい一日を！
  サーシャ　　：　ありがとう。あなたにも！

知ってお得なロシア情報

　ロシアで老若男女に四季を通じて愛されている食べ物がアイスクリーム（мороженое）です。アイスクリームを食べながら歩いている姿もごくふつうに見られます。夏場はもちろん，極寒の冬でもアイスクリームは食べられています。ロシアの人は本当にアイスクリームが大好きです。

　アイスクリームに限らず，ロシアの人は甘い物に目がありません。チョコレートやキャンディーも大好きです。紅茶を飲む時もジャムをなめながら飲みます。ちなみに，ジャムは基本的に家庭で作るものであって，買うものではありません。リンゴやイチゴなどを砂糖で煮て手作りするのです。

ボキャブラリー

эспрессо　エスプレッソ
капучино　カップチーノ
чай с молоком　ミルクティー
чай с лимоном　レモンティー
фруктовый чай　ハーブティー
вафли　ワッフル
сливовый пирог　プラムのパイ

イラスト辞書 Словарь с иллюстрациями

- шокола́дный торт / チョコレートケーキ
- буты́лка / びん
- заварно́е пиро́жное / シュークリーム
- фрукто́вый торт / フルーツケーキ
- сэ́ндвич / サンドイッチ
- круасса́н / クロワッサン
- меню́ / メニュー
- хлеб / パン
- салфе́тка / ナプキン
- нож / ナイフ
- таре́лка / 皿
- ма́сло / バター
- рю́мка / グラス
- ло́жка / スプーン
- соль / 塩
- джем / ジャム
- зубочи́стка / つまようじ
- ви́лка / フォーク
- молоко́ / ミルク
- са́хар / 砂糖
- пе́пельница / 灰皿
- пе́рец / こしょう

文法

代名詞の格変化 ②

● 疑問代名詞

主格	кто（誰）	что（何）
生格	кого́	чего́
与格	кому́	чему́
対格	кого́	что
造格	кем	чем
前置格	ком	чём

что の ч- は例外的に [ʃ] と発音されます。

● 所有代名詞

「私の」

	単数			複数
	男性	中性	女性	
主格	мой	моё	моя́	мои́
生格	моего́		мое́й	мои́х
与格	моему́		мое́й	мои́м
対格	мой / моего́	моё	мою́	мои́ / мои́х
造格	мои́м		мое́й	мои́ми
前置格	моём		мое́й	мои́х

単数が3性に分かれていますが，これは所有される名詞の性を表しており，所有者の性別を表しているわけではありません。例えば，моя́ кни́га「私の本」は，「私」が男性の場合もあります。кни́га が女性単数名詞なので，мой や моё ではなく，моя́ となっています。

「君の」を表す твой も мой と同様の変化をします。

「私たちの」

	単数			複数
	男性	中性	女性	
主格	наш	на́ше	на́ша	на́ши
生格	на́шего		на́шей	на́ших
与格	на́шему		на́шей	на́шим
対格	наш / на́шего	на́ше	на́шу	на́ши / на́ших
造格	на́шим		на́шей	на́шими
前置格	на́шем		на́шей	на́ших

「君たちの，あなたの，あなた方の」を表す ваш も наш と同様の変化をします。
　3人称の所有代名詞 егó「彼の，それの」（он, онó の所有を表す），её「彼女の」（онá の所有を表す），их「彼らの，それらの，彼女らの」（они́ の所有を表す）は性・数・格による変化がなく，いつも同形です（例 егó кни́га, егó кни́ги, егó кни́ге...）。

「誰の」

	単数			複数
	男性	中性	女性	
主格	чей	чьё	чья	чьи
生格	чьегó		чьей	чьих
与格	чьемý		чьей	чьим
対格	чей / чьегó	чьё	чью	чьи / чьих
造格	чьим		чьей	чьи́ми
前置格	чьём		чьей	чьих

ウラジオストクの吊橋
©iStockphoto.com/Oleg-Rubik

Часть 7

Track 48-56

Часть седьма́я. Поку́пки　　買い物

① В магази́не оде́жды　衣料品店で

② В магази́не ко́жаной галантере́и
　　　　　　　　　　　　　革製品の店で

③ В суперма́ркете　スーパーマーケットで

1. В магази́не оде́жды ····· 衣料品店で

Ступе́нь1 寒くなってきたので、リカはセーターを買うことにしました。まずはCDを聴いてみましょう。

— Добро́ пожа́ловать!
— Я ищу́ тёплый сви́тер.

Ри́ка хо́чет купи́ть сви́тер.

— Како́й у вас разме́р?
— Я не зна́ю ру́сских разме́ров.

Продаве́ц спра́шивает Ри́ку, како́й у неё разме́р.

— Я ду́маю, ваш разме́р 46 (со́рок шесть). Я покажу́ вам, что у нас есть.

Продаве́ц информи́рует Ри́ку.

— Как вам нра́вится э́тот бе́лый сви́тер?
— Лу́чше друго́й цвет. Наприме́р, се́рый.

Продаве́ц пока́зывает Ри́ке свитера́.

重要表現を覚えましょう。
キーフレーズ

◇ **Я ищу́ тёплый сви́тер.**
厚手のセーターを探しているのですが。

◇ **Я не зна́ю ру́сских разме́ров.**
ロシアでのサイズをよく知らないのですが……。

● **Как вам нра́вится э́тот бе́лый сви́тер?**
この白のセーターはいかがですか？

◇ **Мо́жно его́ приме́рить?**
試着してもいいですか？

● **Приме́рочная вот здесь.**
試着室はこちらです。

◇ **У вас нет ме́ньшего разме́ра?**
もっと小さなサイズはありませんか？

● **Подожди́те мину́тку.**
少々お待ちください。

Ступе́нь 1 — Track 48

— Как вы нахо́дите э́тот се́рый сви́тер?
— Вы́глядит хорошо́. Мо́жно его́ приме́рить?

Рика хо́чет приме́рить сви́тер.

— Коне́чно. Приме́рочная вот здесь.

Продаве́ц пока́зывает Рике приме́рочную.

— Вам подхо́дит разме́р?
— Он сли́шком большо́й. У вас нет ме́ньшего разме́ра?
— Подожди́те мину́тку. Я сейча́с принесу́.

Рике ну́жен ме́ньший разме́р.

— А э́тот разме́р вам подхо́дит?
— В са́мый раз. Я возьму́ э́тот сви́тер.

Рика реша́ет купи́ть э́тот сви́тер.

Часть седьма́я. Покýпки 買い物

1. В магази́не оде́жды

Track 49

Ступе́нь2 今度はリカになって話してみましょう。

> Добро́ пожа́ловать!

Ри́ка хо́чет купи́ть сви́тер.

> Како́й у вас разме́р?

Продаве́ц спра́шивает Ри́ку, како́й у неё разме́р.

> Я ду́маю, ваш разме́р 46 (со́рок шесть). Я покажу́ вам, что у нас есть.

Продаве́ц информи́рует Ри́ку.

> Как вам нра́вится э́тот бе́лый сви́тер?

Продаве́ц пока́зывает Ри́ке свитера́.

衣料品店で役に立つ表現を覚えましょう。
応用表現

Track 50

◇ Я то́лько хочу́ посмотре́ть.
見てるだけです。

◇ Покажи́те, пожа́луйста, ю́бку, кото́рая вы́ставлена в витри́не.
ショーウィンドーに飾ってあるスカートを見せてください。

◇ У вас есть бо́льший разме́р?
もっと大きなサイズはありますか？

◇ Како́й э́то материа́л?
素材は何ですか？

Ступе́нь2 **1** Track 49

Как вы нахо́дите э́тот се́рый сви́тер?

Коне́чно. Приме́рочная вот здесь.

Рика хо́чет приме́рить сви́тер.

Продаве́ц пока́зывает Рике приме́рочную.

Вам подхо́дит разме́р?

Подожди́те мину́тку. Я сейча́с принесу́.

А э́тот разме́р вам подхо́дит?

Рике ну́жен ме́ньший разме́р.

Рика реша́ет купи́ть э́тот сви́тер.

◇ Где здесь приме́рочная?
試着室はどこですか？

● К сожале́нию, э́того разме́ра у нас нет.
残念ながら、そのサイズのものはございません。

Часть седьма́я. Поку́пки 買い物

133

1 衣料品店で

イラスト1　リカはセーターを買うことにしました。
　　　　　　店員　：いらっしゃいませ。
　　　　　　リカ　：厚手のセーターを探しているのですが。

イラスト2　店員はサイズを尋ねます。
　　　　　　店員　：サイズはおいくつですか？
　　　　　　リカ　：ロシアでのサイズをよく知らないのですが……。

イラスト3　店員はリカにアドバイスをします。
　　　　　　店員　：お客様のサイズは46号だと思います。私どもの商品をお見せいたします。

イラスト4　店員はリカにセーターを見せます。
　　　　　　店員　：この白のセーターはいかがですか？
　　　　　　リカ　：ほかの色のほうがいいのですが。例えば，グレーのとか。

イラスト5　リカはセーターを試着したいと思います。
　　　　　　店員　：では，こちらのグレーのセーターはいかがでしょうか？
　　　　　　リカ　：よさそうですね。試着してもいいですか？

イラスト6　店員はリカを試着室に案内します。
　　　　　　店員　：もちろん，結構です。試着室はこちらです。

イラスト7　リカにはもっと小さなサイズが必要です。
　　　　　　店員　：サイズはいかがですか？
　　　　　　リカ　：大きすぎます。もっと小さなサイズはありませんか？
　　　　　　店員　：少々お待ちください。いまお持ちいたします。

イラスト8　リカはそのセーターを買うことにします。
　　　　　　店員　：では，このサイズではいかがでしょうか？
　　　　　　リカ　：ぴったりです。これにします。

知ってお得なロシア情報

インターネットなどで目的地の気候の情報を事前に仕入れて，それ相応の服装の準備を整えてから出かけるものと思いますが，実際に行ってみると，追加で服や靴が必要になることがあります。滞在が長期に及ぶ場合は，必ずその必要がでてくるでしょう。

ロシアの衣服のサイズは次のとおりです（参照：http://domovodstvo.com/odejda-raz.html）。

女性

サイズ	S	M	L	XL	XXL
	44	46	48	50	52
バスト	88	92	96	100	104
ヒップ	96	100	104	108	112
身長	158	164	164-170	170	170

男性

サイズ	XS	S	M	L	XL	XXL
	44	46	48	50	52	54
胸囲	88	92	96	100	104	108
ウエスト	76	80	84	88	92	96
首周り	38	39	40-41	41-42	42-43	43-44
身長	164	164-170	170-176	176-182	182-188	188

ボキャブラリー

оде́жда 服
пальто́ コート
жиле́т ベスト
руба́шка ワイシャツ
руба́шка с коро́ткими рукава́ми 半袖ワイシャツ
га́лстук ネクタイ
футбо́лка Tシャツ
блу́зка ブラウス
брю́ки ズボン
ю́бка スカート
пла́тье ワンピース
пижа́ма パジャマ
шарф マフラー

о́бувь (ту́фли) 靴
кроссо́вки スニーカー
санда́лии サンダル
та́почки スリッパ
костю́м スーツ
носки́ 靴下
ша́пка 帽子
перча́тки 手袋
большо́й 大きい
ма́ленький 小さい
дорого́й （値段が）高い
дешёвый 安い
дли́нный 長い
коро́ткий 短い

кра́сный 赤い
зелёный 緑の
жёлтый 黄色の
си́ний 青の
кори́чневый 茶色の
в цвето́чек 花柄の
в кле́тку チェックの
в горо́шек 水玉模様の

2. В магазине кожаной галантереи ······ 革製品の店で Track 51

Ступень1 リカは鞄を新調しようと，革製品の店に行きます。まずはCDを聴いてみましょう。

— Извините, я хотела бы купить кожаную сумку.

— Какую сумку вы ищете?

— Сумку для путешествий.

Рика хочет купить сумку.

Продавец спрашивает, какую сумку хочет купить Рика.

— Я рекомендую вам эту сумку. Сейчас такие пользуются популярностью.

— Сколько она стоит?

— 3.300 (Три тысячи триста) рублей? Это дороговато. Нет ли у вас чего-нибудь подешевле?

— Как вам эта сумка? Она стоит 2.500 (две тысячи пятьсот) рублей.

— 3.300 (Три тысячи триста) рублей.

Рика спрашивает о цене.

Рика спрашивает, нет ли сумки подешевле.

🔑 重要表現を覚えましょう。
キーフレーズ

◇ Извините, я хотела бы купить кожаную сумку.
すみませんが，革の鞄が欲しいのですが．

● Какую сумку вы ищете?
どんな鞄をお探しですか？

● Я рекомендую вам эту сумку.
この鞄をお勧めします．

● А как вам эта сумка?
こちらの鞄はいかがでしょうか？

◇ А другого цвета у вас есть?
ほかの色のもありますか？

● Касса вот здесь.
レジはこちらです．

● Вы будете платить наличными или по карте?
お支払いは現金ですかカードですか？

— А другого цвета у вас есть?
— Да, есть красные и чёрные.

Рика спрашивает, нет ли сумки другого цвета.

— Хорошо, я возьму чёрную.
— Большое спасибо. Касса вот здесь.

Рика решает купить сумку.

— Вы будете платить наличными или по карте?
— По карте.
— Хорошо.

На кассе.

Часть седьмая. Покупки 買い物

2 В магази́не ко́жаной галантере́и   Track 52

Ступе́нь2   今度はリカになって鞄を買ってみましょう。

Какую сумку вы ищете?

Рика хо́чет купи́ть су́мку.

Продаве́ц спра́шивает, каку́ю су́мку хо́чет купи́ть Рика.

Я рекоменду́ю вам э́ту су́мку. Сейча́с таки́е по́льзуются популя́рностью.

Как вам э́та су́мка? Она́ сто́ит 2.500 (две ты́сячи пятьсо́т) рубле́й.

3.300 (Три ты́сячи три́ста) рубле́й.

Рика спра́шивает о цене́.

Рика спра́шивает, нет ли су́мки подеше́вле.

革製品の店で役に立つ表現を覚えましょう。

応用表現

Track 53

◇ Кака́я э́то фи́рма?
どちらのメーカーのものですか？

◇ Каку́ю су́мку вы могли́ бы порекомендова́ть?
何かお勧めの鞄はありますか？

◇ Э́то отлича́ется от того́, что я себе́ представля́л (представля́ла).
ちょっと思っていたものと違います。

◇ У неё есть гара́нтия?
保証はついていますか？

◇ Вы могли́ бы заверну́ть э́то как пода́рок?
贈り物用に包んでいただけますか？

Да, есть красные и чёрные.

Большое спасибо. Касса вот здесь.

Рика спрашивает, нет ли сумки другого цвета.

Рика решает купить сумку.

Вы будете платить наличными или по карте?

Хорошо.

На кассе.

◇ Вы можете послать это в Японию?
日本に送っていただけますか？

◇ Я хотел бы (хотела бы) оформить это беспошлинно (как такс фри).
免税の手続きがしたいのですが。

2 革製品の店で

- イラスト1　リカは鞄を買いたいと思っています。
  - リカ　：　すみませんが、革の鞄が欲しいのですが。

- イラスト2　店員はどんな鞄を探しているのかリカに尋ねます。
  - 店員　：　どんな鞄をお探しですか？
  - リカ　：　旅行用の鞄です。

- イラスト3　リカは値段を尋ねます。
  - 店員　：　この鞄をお勧めします。よく出ているタイプです。
  - リカ　：　おいくらですか？
  - 店員　：　3,300 ルーブルです。

- イラスト4　リカはもう少し安い鞄がないか尋ねます。
  - リカ　：　3,300 ルーブル？　ちょっと高すぎますね。もう少し安いのはないですか？
  - 店員　：　こちらの鞄はいかがでしょうか？　2,500 ルーブルです。

- イラスト5　リカは違う色のものがないか尋ねます。
  - リカ　：　ほかの色のもありますか？
  - 店員　：　はい、赤と黒のものがあります。

- イラスト6　リカは鞄を買うことにします。
  - リカ　：　それでは、この黒の鞄にします。
  - 店員　：　ありがとうございます。レジはこちらです。

- イラスト7　レジで
  - 店員　：　お支払いは現金ですかカードですか？
  - リカ　：　カードです。
  - 店員　：　かしこまりました。

知ってお得なロシア情報

　ロシアから日本へのお土産の定番といえば，木製の入れ子式の人形マトリョーシカ (матрёшка) でしょう。若い農婦を描いたものをイメージされる方も多いでしょうが，その服装や色彩は実にさまざまです。また，変わったところでは，歴代大統領や歴代皇帝を扱ったものなども出ています。

　日本ではあまり利用する機会がないかもしれませんが，あのふわふわした帽子 (ша́пка) も贈り物にいいかもしれません。素材の質により，値段には大きな開きがあります。女性にはショール (плато́к) もいいかもしれません。

　モスクワの近郊のグジェリ (Гжель) で作られる陶器もお勧めです。白地に青色の彩色が施された美しい陶器です。ホフロマ塗り (хохломска́я ро́спись) は黒地に金と赤のユニークな模様が描かれた木製の食器です。琥珀 (янта́рь) もよいお土産になるでしょう。それにかさばりません。

　キャビア (чёрная икра́) やイクラ (кра́сная икра́) も喜ばれるでしょう。「イクラ」がロシア語から日本語に入った語であることはご存じの方も多いと思います。

ボキャブラリー

магази́н　店
антиква́рный магази́н　アンティークショップ
кни́жный магази́н　本屋
ювели́рный магази́н　貴金属店
магази́н кожа́ной галантере́и　革製品の店
магази́н канцеля́рских това́ров　文房具店
магази́н игру́шек　おもちゃ屋
магази́н сувени́ров　土産物店
магази́н цвето́в　花屋
магази́н электротова́ров　電気店
конди́терская　ケーキ屋
о́птика　眼鏡店
магази́н о́буви　靴屋
универма́г　デパート

3 В супермаркете ······ スーパーマーケットで   Track 54

Ступень1 スーパーでの買い物のシーンです。まずはCDを聴いてみましょう。

— Извините, где у вас чай?
— Там справа в углу. Рядом с кофе.

Рика хочет купить чай.

— Что бы вы хотели?
— Свешайте, пожалуйста, 200(двести) грамм ветчины и ломтиков 10(десять) салями.

В мясном отделе.

— Что-нибудь ещё?
— Нет, спасибо.

Продавец спрашивает Рику, хочет ли она что-нибудь ещё.

— Вот, пожалуйста.
— Я могу заплатить здесь?
— Нет, на кассе.

Рика спрашивает, где она может заплатить.

重要表現を覚えましょう。
キーフレーズ

◇ **Где у вас чай?**
 紅茶はどのあたりにありますか？

● **Что бы вы хотели?**
 何をさしあげましょうか？

◇ **Свешайте, пожалуйста, 200(двести) грамм ветчины и ломтиков 10(десять) салями.**
 ハムを200グラム、サラミを10枚ほどください。

◇ **Я могу заплатить здесь?**
 支払いはこちらでできますか？

◇ **Сколько стоит 100(сто) грамм этого сыра?**
 このチーズは100グラムいくらですか？

Ступень1 **3** Track 54

Сколько стоит 100(сто) грамм этого сыра?

110(Сто десять) рублей.

Свешайте, пожалуйста, 300(триста) грамм.

310(Триста десять), это ничего?

Хорошо, давайте.

В отделе сыров.

Рика просит 300(триста) грамм.

Вам пакетик нужен?

Да, пожалуйста.

Могу я заплатить кредитной картой?

Да, пожалуйста.

Будет стоить 1(один) рубль.

На кассе.

Рика спрашивает, может ли она заплатить кредитной картой.

Часть седьмая. Покупки 買い物

- Вам пакетик нужен?
  レジ袋は要りますか？
- ◇ Могу я заплатить кредитной картой?
  カードで払えますか？

3 В супермаркете

Track 55

Ступень2 今度はリカになって買い物をしてみましょう。

— Там справа в углу. Рядом с кофе.

Рика хочет купить чай.

— Что бы вы хотели?

В мясном отделе.

— Что-нибудь ещё?

Продавец спрашивает Рику, хочет ли она что-нибудь ещё.

— Вот, пожалуйста.
— Нет, на кассе.

Рика спрашивает, где она может заплатить.

スーパーマーケットで役に立つ表現を覚えましょう。
応用表現

Track 56

◇ Где у вас спагетти?
スパゲッティはどこですか?

◇ Где здесь весы?
秤はどこですか?

◇ Вы не подскажете, как пользоваться этими весами?
この秤の使い方を教えていただけますか?

◇ Этот хлеб свежий?
このパンは焼きたてですか?

● Ничего, если немножко больше?
少し多くてもかまいませんか?

Ступе́нь2 **3** Track 55

В отде́ле сыро́в.

— 110 (Сто де́сять) рубле́й.

Ри́ка про́сит 300 (три́ста) грамм.

— 310 (Три́ста де́сять), э́то ничего́?

На ка́ссе.

— Вам паке́тик ну́жен?
— Бу́дет сто́ить 1 (оди́н) рубль.

— Да, пожа́луйста.

Ри́ка спра́шивает, мо́жет ли она́ заплати́ть креди́тной ка́ртой.

Часть седьма́я. Поку́пки 買い物

◇ Мо́жно э́то храни́ть при ко́мнатной температу́ре?
これは常温で保存できますか?

◇ Э́то продаётся по отде́льности?
ばら売りもありますか?

◇ Вы кра́йний?
ここは列の最後尾ですか?

3 スーパーマーケットで

- イラスト1　リカは紅茶を買いたいと思っています。
  - リカ　　：　すみませんが，紅茶はどのあたりにありますか？
  - 店員1　：　あの右の角です。コーヒーが置いてある場所の隣です。

- イラスト2　肉売り場で
  - 店員2　：　何をさしあげましょうか？
  - リカ　　：　ハムを200グラム，サラミを10枚ほどください。

- イラスト3　店員はリカにほかに何か欲しいものがないか尋ねます。
  - 店員2　：　ほかには？
  - リカ　　：　いいえ，結構です。

- イラスト4　リカはどこで支払いができるか尋ねます。
  - 店員2　：　こちらがご注文の品です。
  - リカ　　：　支払いはこちらでできますか？
  - 店員2　：　いいえ，レジでお支払いください。

- イラスト5　チーズ売り場で
  - リカ　　：　このチーズは100グラムいくらですか？
  - 店員3　：　110ルーブルです。

- イラスト6　リカは300グラム注文します。
  - リカ　　：　では，300グラムください。
  - 店員3　：　310グラムですが，よろしいですか？
  - リカ　　：　ええ，いいですよ。

- イラスト7　レジで
  - 店員4　：　レジ袋は要りますか？
  - リカ　　：　はい，お願いします。
  - 店員4　：　1ルーブルかかります。

- イラスト8　リカはクレジットカードで払えるか尋ねます。
  - リカ　　：　カードで払えますか？
  - 店員4　：　ええ，お支払いいただけます。

知ってお得なロシア情報

ロシアのスーパーマーケットでは，肉屋，魚屋，チーズ屋などが中に入っていて，量り売りをしています。それぞれのカウンターで客は希望するグラム数を言い注文します。その際，希望した数量ちょうどではないが，それでもかまわないかと店員に言われることがあります。テキストで「310グラムですが，よろしいですか？」と店員が尋ねていますが，これはそういった場面を描写しています。

野菜や果物は，設置されているビニール袋に必要な分量を入れて，自分で秤に載せ，当該商品の番号を押します。すると，値段がシールに印刷されて出てきますので，それをビニール袋に貼り，レジで精算します。レジではベルトコンベア式の台に自分で商品を載せます。前後の人のものと混同されないよう，仕切り用のバーを載せます。レジ袋は一般的に有料です。

ボキャブラリー

фру́кты 果物	о́вощи 野菜	мя́со 肉
апельси́н オレンジ	карто́фель (карто́шка) ジャガイモ	свини́на 豚肉
чере́шня サクランボ	капу́ста キャベツ	говя́дина 牛肉
я́блоко リンゴ	сала́т (лату́к) レタス	куря́тина 鶏肉
а́рбуз スイカ	лук タマネギ	ветчина́ ハム
бана́н バナナ	цветна́я капу́ста カリフラワー	колбаса́ ソーセージ
гру́ша 洋ナシ	бро́кколи ブロッコリー	сала́ми サラミ
анана́с パイナップル	помидо́р トマト	хлеб パン
ки́ви キウイ	огуре́ц キュウリ	
пе́рсик 桃	баклажа́н ナス	
ды́ня メロン	морко́вь ニンジン	
клубни́ка イチゴ	бобы́ (горо́х) 豆	
виногра́д ブドウ	спа́ржа アスパラガス	

Часть седьма́я. Поку́пки 買い物

イラスト辞書 Словарь с иллюстрациями

мясно́й отде́л
肉売り場

отде́л сыро́в
チーズ売り場

о́вощи 野菜

мо́ющие сре́дства
洗剤

фру́кты
果物

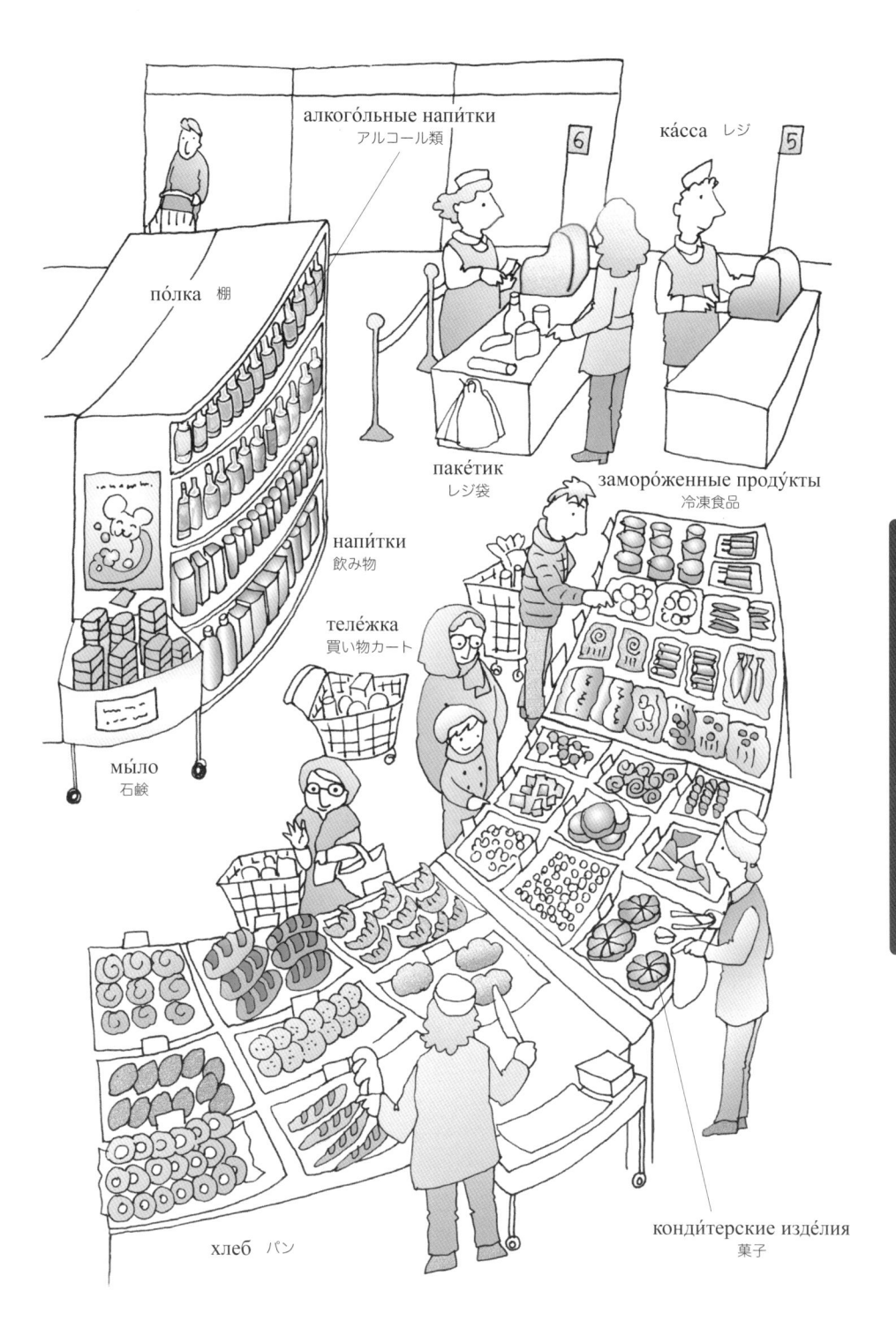

- **алкого́льные напи́тки** アルコール類
- **ка́сса** レジ
- **по́лка** 棚
- **паке́тик** レジ袋
- **напи́тки** 飲み物
- **замороженные проду́кты** 冷凍食品
- **теле́жка** 買い物カート
- **мы́ло** 石鹸
- **хлеб** パン
- **конди́терские изде́лия** 菓子

Часть седьма́я. Поку́пки 買い物

文法

代名詞の格変化 ③

● 指示代名詞

「この，これ」

	単数			複数
	男性	中性	女性	
主格	э́тот	э́то	э́та	э́ти
生格	э́того		э́той	э́тих
与格	э́тому		э́той	э́тим
対格	э́тот / э́того	э́то	э́ту	э́ти / э́тих
造格	э́тим		э́той	э́тими
前置格	э́том		э́той	э́тих

「あの，あれ」

	単数			複数
	男性	中性	女性	
主格	тот	то	та	те
生格	того́		той	тех
与格	тому́		той	тем
対格	тот / того́	то	ту	те / тех
造格	тем		той	те́ми
前置格	том		той	тех

● 定代名詞

「すべての，すべて」

	単数			複数
	男性	中性	女性	
主格	весь	всё	вся	все
生格	всего́		всей	всех
与格	всему́		всей	всем
対格	весь / всего́	всё	всю	все / всех
造格	всем		всей	все́ми
前置格	всём		всей	всех

Часть 8

Track 57-62

Часть восьма́я. Встре́ча
人と会う

① **В гостя́х** 訪問

② **Расска́з о себе́** 自分について話す

1 В гостях ⋯⋯ 訪問

Track 57

Ступе́нь1　友人サーシャの家に招かれることになりました。まずはCDを聴いてみましょう。

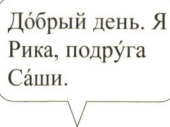

> До́брый день. Я Ри́ка, подру́га Са́ши.

> Здра́вствуйте, Ри́ка. Проходи́те, пожа́луйста.

Ива́н В. Петро́в открыва́ет дверь.

> О́чень ра́да с ва́ми познако́миться.

> Я то́же.

Ива́н В. Петро́в ведёт Ри́ку в гости́ную.

> Большо́е спаси́бо за приглаше́ние. Э́то сувени́ры.

> Спаси́бо большо́е. Вы так любе́зны!

Ри́ка благодари́т семью́ Петро́вых за приглаше́ние.

> Снима́йте пальто́, пожа́луйста.

> Спаси́бо.

Ива́н В. Петро́в помога́ет Ри́ке снять пальто́.

重要表現を覚えましょう。
キーフレーズ

- Здра́вствуйте, Ри́ка.
  こんにちは，リカさん。

- Проходи́те, пожа́луйста.
  どうぞ中へお入りください。

◇ О́чень ра́да с ва́ми познако́миться.
  お目にかかれてうれしく思います。

◇ Большо́е спаси́бо за приглаше́ние.
  お招きいただき，ありがとうございます。

- Сади́тесь, пожа́луйста.
  どうぞお掛けください。

Ступе́нь1 **1** Track 57

Сади́тесь, пожа́луйста.

Большо́е спаси́бо.

Не хоти́те ли что́-нибудь вы́пить? Ко́фе и́ли чай?

Чай, пожа́луйста.

Мне то́же.

Ива́н В. Петро́в приглаша́ет Ри́ку сесть на дива́н.

Ива́н В. Петро́в предлага́ет Ри́ке напи́тки.

Как вам понра́вилась Москва́?

Э́то о́чень интере́сный го́род.

Как до́лго вы пробу́дете в Москве́?

Одну́ неде́лю.

Ива́н В. Петро́в спра́шивает Ри́ку, како́е впечатле́ние произвела́ на неё Москва́.

Ива́н В. Петро́в спра́шивает Ри́ку, как до́лго она́ плани́рует оста́ться в Москве́.

Часть восьма́я. Встре́ча

- **Не хоти́те ли что́-нибудь вы́пить?**
  何か飲み物はいかがですか？

- **Как вам понра́вилась Москва́?**
  モスクワはいかがですか？

- **Как до́лго вы пробу́дете в Москве́?**
  モスクワにはどれくらいのご予定で？

1 В гостя́х

Track 58

Ступе́нь2 今度はリカになってサーシャの家に行ってみましょう。

Здра́вствуйте, Рика. Проходи́те, пожа́луйста.

Ива́н В. Петро́в открыва́ет дверь.

Я то́же.

Ива́н В. Петро́в ведёт Рику в гости́ную.

Спаси́бо большо́е. Вы так любе́зны!

Рика благодари́т семью́ Петро́вых за приглаше́ние.

Снима́йте пальто́, пожа́луйста.

Ива́н В. Петро́в помога́ет Рике снять пальто́.

ロシア人の家庭に招待された時に役に立つ表現を覚えましょう。

応用表現

Track 59

◇ О́чень рад (ра́да) с ва́ми познако́миться.
初めまして。

◇ Давно́ не ви́делись.
お久しぶりです。

◇ Как дела́?
ご機嫌いかがですか？

◇ Хорошо́.
元気です。

◇ Ничего́.
まあまあです。

Ступень2 **1** Track 58

Садитесь, пожалуйста.

Иван В. Петров приглашает Рику сесть на диван.

Не хотите ли что-нибудь выпить? Кофе или чай?

Мне тоже.

Иван В. Петров предлагает Рике напитки.

Как вам понравилась Москва?

Иван В. Петров спрашивает Рику, какое впечатление произвела на неё Москва.

Как долго вы пробудете в Москве?

Иван В. Петров спрашивает Рику, как долго она планирует остаться в Москве.

- Вам нравится?
  お味はどうですか？
- ◇ Очень вкусно.
  とてもおいしいです。
- Хотите ещё немножко борща?
  もう少しボルシチはいかがですか？
- Давайте будем на «ты».
  ты で話しましょう。
- ◇ Здесь можно курить?
  タバコを吸ってもいいですか？
- Извините, курить можно только на балконе.
  申し訳ありませんが、タバコはバルコニーでお願いします。
- ◇ Можно воспользоваться туалетом?
  トイレをお借りしてもよろしいですか？

Часть восьмая. Встреча 人と会う

1 訪問

(イラスト1) イワン・B・ペトローフ氏がドアを開けます。
　　　　リカ　　　　　：こんにちは。リカです。サーシャの友だちです。
　　　　ペトローフ氏　：こんにちは，リカさん。どうぞ中へお入りください。

(イラスト2) ペトローフ氏はリカを居間に案内します。
　　　　リカ　　　　　：お目にかかれてうれしく思います。
　　　　ペトローフ氏　：こちらこそ。

(イラスト3) リカはペトローフ家から招かれたことに礼を言います。
　　　　リカ　　　　　：お招きいただき，ありがとうございます。これはお土産です。
　　　　ペトローフ氏　：どうもありがとう。そんなに気をつかっていただかなくてもよかったのに。

(イラスト4) ペトローフ氏はリカのコートを預かります。
　　　　ペトローフ氏　：コートをお脱ぎください。
　　　　リカ　　　　　：ありがとうございます。

(イラスト5) ペトローフ氏はリカにソファーに掛けるようにと勧めます。
　　　　ペトローフ氏　：どうぞお掛けください。
　　　　リカ　　　　　：ありがとうございます。

(イラスト6) ペトローフ氏はリカに飲み物を勧めます。
　　　　ペトローフ氏　：何か飲み物はいかがですか？　コーヒーにしますか，紅茶にしますか？
　　　　リカ　　　　　：紅茶をお願いします。
　　　　サーシャ　　　：僕にもね。

(イラスト7) ペトローフ氏はリカにモスクワの印象を尋ねます。
　　　　ペトローフ氏　：モスクワはいかがですか？
　　　　リカ　　　　　：とても興味深い街ですね。

(イラスト8) ペトローフ氏はリカにどれくらいモスクワに滞在する予定か尋ねます。
　　　　ペトローフ氏　：モスクワにはどれくらいのご予定で？
　　　　リカ　　　　　：1週間です。

知ってお得なロシア情報

　ロシア人の家庭に招待された時に何を手土産にするか迷うかもしれません。ウオッカ，シャンパン，ワインなどのアルコール類か花束あたりが無難でしょう。花束の場合，花の本数は奇数本にします。偶数本は葬儀の時の本数ということになっているからです。所変われば品変わる，というわけです。

　日本からの小物も喜ばれます。箸，扇子，絵葉書などはいかがでしょうか。折り紙を実演すると喜ばれますので，鶴や兜くらいはいつでも折れるようにしておくといいでしょう。

　敷居越しに握手をするのは縁起がよくないこととされています。握手は家の中に入ってからにしましょう。

Часть восьмая. Встре́ча 人と会う

ボキャブラリー

семья́　家族
ста́рший / мла́дший брат　兄 / 弟
ста́ршая / мла́дшая сестра́　姉 / 妹
де́душка и ба́бушка　祖父母
де́душка　祖父
ба́бушка　祖母
роди́тели　両親
оте́ц　父
мать　母
дя́дя　おじ
тётя　おば
де́ти　子ども

сын　息子
дочь　娘
внук / вну́чка　孫
племя́нник　甥
племя́нница　姪
двою́родный брат / двою́родная сестра́　いとこ
муж　夫
жена́　妻
супру́ги　夫婦
жени́х / неве́ста　婚約者

2 Расска́з о себе́ …… 自分について話す　　Track 60

Ступе́нь1　サーシャの父親との会話が続きます。まずはCDを聴いてみましょう。

— Вы в пе́рвый раз в Росси́и?
— Нет, я уже́ приезжа́ла в Москву́ два го́да наза́д.

Ива́н В. Петро́в спра́шивает Ри́ку, была́ ли она́ ра́ньше в Росси́и.

— Вы приезжа́ли как тури́стка?
— Нет, я изуча́ла ру́сский язы́к в ле́тней шко́ле при университе́те.

Ри́ка говори́т, что она́ принима́ла уча́стие в ле́тней шко́ле ру́сского языка́.

— Вы ещё студе́нтка?
— Да, я изуча́ю ру́сский язы́к в Токи́йском университе́те иностра́нных языко́в.

Ива́н В. Петро́в спра́шивает Ри́ку, у́чится ли она́ в университе́те.

— А, вы из То́кио?
— Нет, я родила́сь в Хироси́ме. Мои́ роди́тели и сейча́с там живу́т.

Ива́н В. Петро́в спра́шивает, где родила́сь Ри́ка.

🔑 重要表現を覚えましょう。
キーフレーズ

● Вы в пе́рвый раз в Росси́и?
ロシアは初めてですか？

◇ Я изуча́ла ру́сский язы́к в ле́тней шко́ле при университе́те.
大学のサマーコースに参加してロシア語の勉強をしました。

◇ Я изуча́ю ру́сский язы́к в Токи́йском университе́те иностра́нных языко́в.
東京外国語大学でロシア語を専攻しています。

◇ Мои́ роди́тели и сейча́с живу́т в Хироси́ме.
両親は今も広島に住んでいます。

● У вас есть бра́тья и́ли сёстры?
ごきょうだいはいますか？

Ступень1 **2** Track 60

— У вас есть братья или сёстры?
— Да, у меня есть (старший) брат. Он работает в компании «Сони».

Иван В. Петров спрашивает Рику, есть ли у неё братья или сёстры.

— А, в «Сони»? Сколько ему лет?
— Ему 27 (двадцать семь).

Иван В. Петров спрашивает, сколько лет брату Рики.

— Можно спросить, кем работают ваши родители?
— Мой отец инженер, а мать работает учительницей в начальной школе.

Иван В. Петров спрашивает, кем работают родители Рики.

— Кстати, у вас есть какое-нибудь хобби?
— Я люблю смотреть кино и читать.

Иван В. Петров спрашивает, чем Рика любит заниматься.

- Сколько лет вашему (старшему) брату?
  お兄さんはおいくつですか？

◇ Мой отец инженер, а мать работает учительницей в начальной школе.
  父はエンジニアで、母は小学校の教師です。

- Кстати, у вас есть какое-нибудь хобби?
  ところで、あなたの趣味は何ですか？

Часть восьмая. Встреча 人と会う

2 Расска́з о себе́

Track 61

Ступе́нь2 今度はリカになって話してみましょう。

Вы в пе́рвый раз в Росси́и?

Ива́н В. Петро́в спра́шивает Рику, была́ ли она́ ра́ньше в Росси́и.

Вы приезжа́ли как тури́стка?

Рика говори́т, что она́ принима́ла уча́стие в ле́тней шко́ле ру́сского языка́.

Вы ещё студе́нтка?

Ива́н В. Петро́в спра́шивает Рику, у́чится ли она́ в университе́те.

А, вы из То́кио?

Ива́н В. Петро́в спра́шивает, где родила́сь Рика.

個人的な話をする時に役に立つ表現を覚えましょう。

応用表現

Track 62

- Вы жена́ты? / Вы за́мужем?
  結婚されていますか？

◇ Я жена́т. / Я за́мужем.
  結婚しています。

◇ Я не жена́т. / Я не за́мужем.
  独身です。

- У вас есть де́ти?
  お子さんはいらっしゃいますか？

◇ У меня́ нет дете́й.
  私には子どもはいません。

Ступень2 **2** Track 61

У вас есть бра́тья и́ли сёстры?

Ива́н В. Петро́в спра́шивает Ри́ку, есть ли у неё бра́тья и́ли сёстры.

А, в «Со́ни»? Ско́лько ему́ лет?

Ива́н В. Петро́в спра́шивает, ско́лько лет бра́ту Ри́ки.

Мо́жно спроси́ть, кем рабо́тают ва́ши роди́тели?

Ива́н В. Петро́в спра́шивает, кем рабо́тают роди́тели Ри́ки.

Кста́ти, у вас есть како́е-нибудь хо́бби?

Ива́н В. Петро́в спра́шивает, чем Ри́ка лю́бит занима́ться.

Часть восьма́я. Встре́ча 人と会う

◇ У меня́ есть дочь / две до́чери / сын / два сы́на.
娘が1人／娘が2人／息子が1人／息子が2人います。

◇ У меня́ нет бра́тьев и сестёр.
私にはきょうだいはいません。

● Мо́жно узна́ть ваш а́дрес / а́дрес электро́нной по́чты (Е-мэйл) / но́мер телефо́на?
ご住所／メールアドレス／電話番号を教えていただけますか？

2 自分について話す

(イラスト1) イワン・B・ペトローフ氏はリカに，以前ロシアに来たことがあるか尋ねます。
ペトローフ氏 ： ロシアは初めてですか？
リカ ： いいえ，2年前にモスクワに来たことがあります。

(イラスト2) リカはロシア語のサマーコースに参加したことを話します。
ペトローフ氏 ： 観光でいらっしゃったのですか？
リカ ： いいえ，大学のサマーコースに参加してロシア語の勉強をしました。

(イラスト3) ペトローフ氏はリカが学生か尋ねます。
ペトローフ氏 ： あなたはまだ学生ですか？
リカ ： はい，東京外国語大学でロシア語を専攻しています。

(イラスト4) ペトローフ氏はリカの出身地を尋ねます。
ペトローフ氏 ： ああ，東京のご出身なんですね？
リカ ： いいえ，私は広島の出身です。両親はいまも広島に住んでいます。

(イラスト5) ペトローフ氏はリカにきょうだいがいるか尋ねます。
ペトローフ氏 ： ごきょうだいはいますか？
リカ ： はい，兄がいます。ソニーで働いています。

(イラスト6) ペトローフ氏はリカの兄の年齢を尋ねます。
ペトローフ氏 ： ああ，ソニーですか？ お兄さんはおいくつですか？
リカ ： 27歳です。

(イラスト7) ペトローフ氏はリカの両親の職業を尋ねます。
ペトローフ氏 ： ご両親の職業を尋ねてもいいですか？
リカ ： 父はエンジニアで，母は小学校の教師です。

(イラスト8) ペトローフ氏はリカの趣味を尋ねます。
ペトローフ氏 ： ところで，あなたの趣味は何ですか？
リカ ： 映画鑑賞と読書です。

知ってお得なロシア情報

ロシア人の名前は「ファーストネーム（и́мя）＋父称（о́тчество）＋名字（фами́лия）」の3つのパートから構成されています。父称は父親の名前に，息子の場合は -вич，娘の場合は -вна を付して作られます。例えば，父親のファーストネームが Бори́с の場合，息子の父称は Бори́сович，娘の父称は Бори́совна となります。

вы を使うような改まった関係にあるときは，「ファーストネーム ＋ 父称」で呼びかけることがふつうです。ты を使うような親しい間柄では，ファーストネームで呼び合います。

ところで，そのファーストネームですが，日本の場合のように創造的なものではなく，すでに決められた名前のバリエーションの中から選ぶようになっています。さらに，各ファーストネームにはたいてい決まった愛称形があります。親しい間柄では，この愛称形を使って呼び合っていることが一般的です。若干の例を以下に示します。

女性名：Екатери́на → Ка́тя; Еле́на → Ле́на; Маргари́та → Ри́та; Ната́лия → Ната́ша; Светла́на → Све́та; Татья́на → Та́ня

男性名：Алекса́ндр → Са́ша; Алексе́й → Алёша; Константи́н → Ко́стя; Никола́й → Ко́ля; Пётр → Пе́тя; Фёдор → Фе́дя

ボキャブラリー

и́мя　（ファースト）ネーム	гражда́нство　国籍
о́тчество　父称	а́дрес (ме́сто жи́тельства)　住所
фами́лия　名字	но́мер телефо́на　電話番号
а́дрес электро́нной по́чты (E-мэйл)　メールアドレス	литерату́ра　文学
во́зраст　年齢	ру́сская литерату́ра　ロシア文学
да́та рожде́ния　生年月日	япо́нская литерату́ра　日本文学
профе́ссия　職業	эконо́мика　経済学
хо́бби　趣味	ме́неджмент　経営学
юриспруде́нция (пра́во)　法学	социоло́гия　社会学
филосо́фия　哲学	фи́зика　物理学
междунаро́дные отноше́ния　国際関係論	хи́мия　化学
политоло́гия　政治学	биоло́гия　生物学
исто́рия　歴史学	астроно́мия　天文学
медици́на　医学	геоло́гия　地質学
стоматоло́гия　歯学	ветерина́рия　獣医学
матема́тика　数学	архитекту́ра　建築学
инжене́рное де́ло　工学	

イラスト辞書 Словарь с иллюстрациями

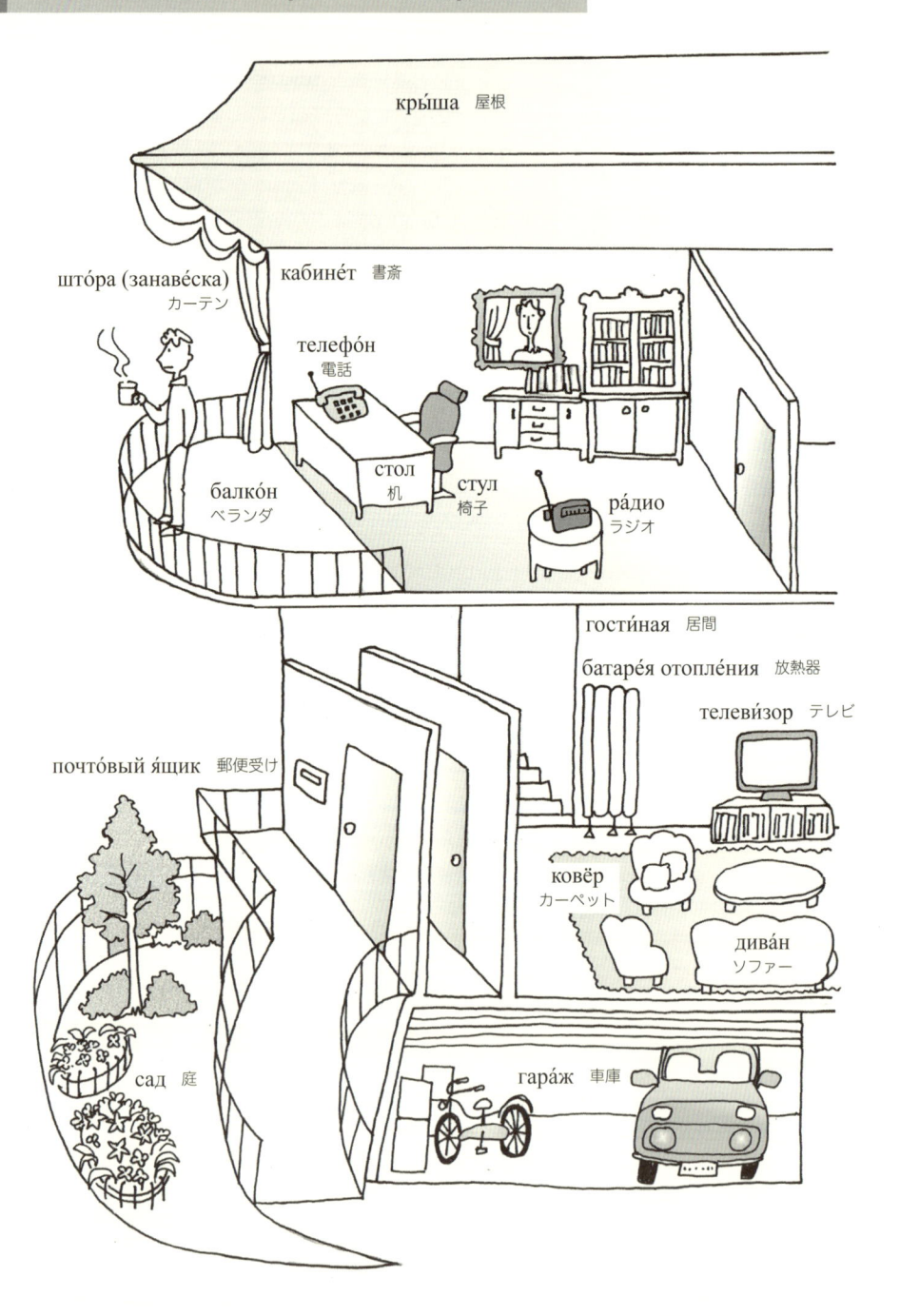

- крыша 屋根
- штора (занавеска) カーテン
- кабинет 書斎
- телефон 電話
- балкон ベランダ
- стол 机
- стул 椅子
- радио ラジオ
- гостиная 居間
- батарея отопления 放熱器
- телевизор テレビ
- почтовый ящик 郵便受け
- ковёр カーペット
- диван ソファー
- сад 庭
- гараж 車庫

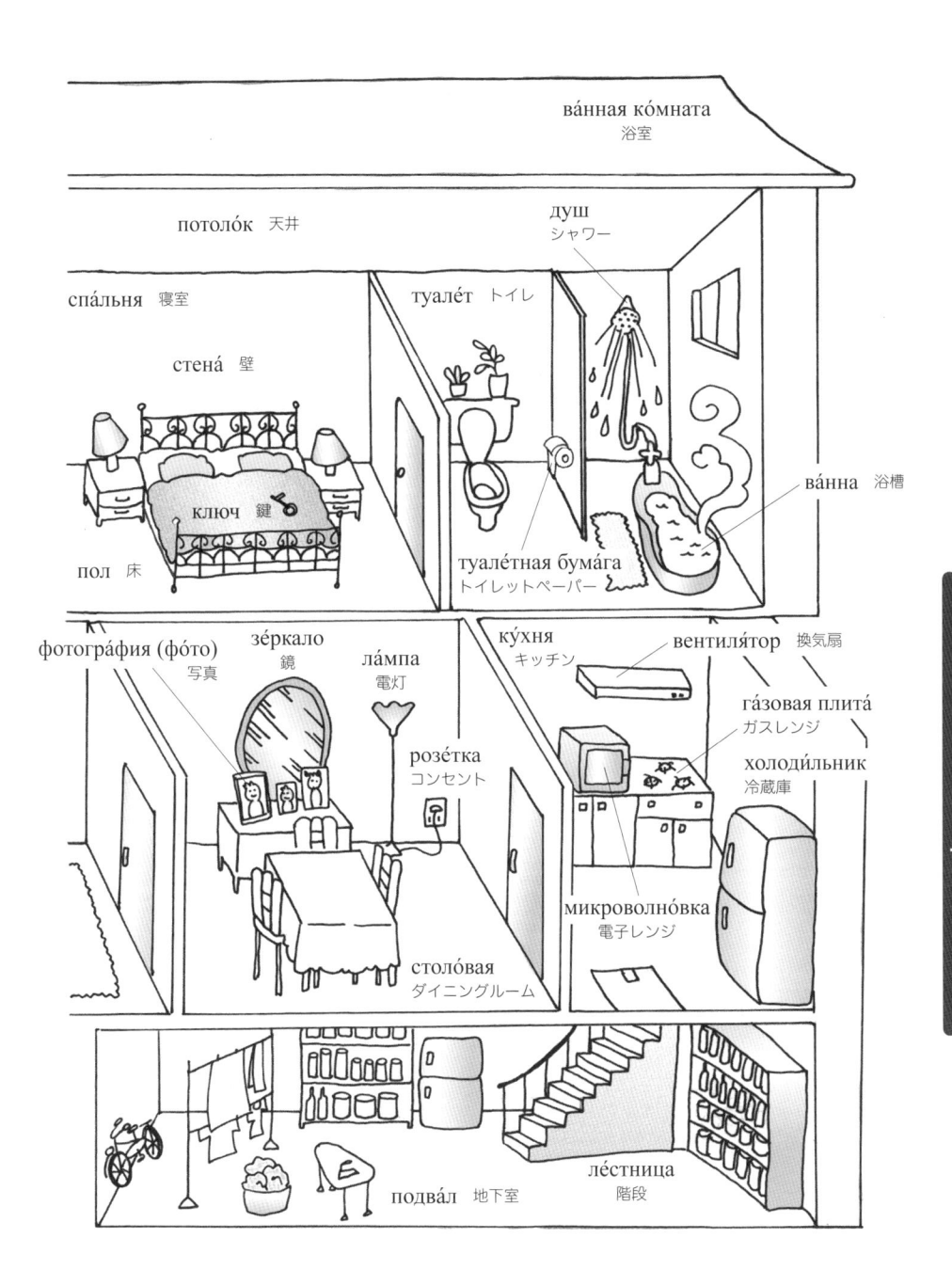

Русский	Японский
ванная комната	浴室
потолок	天井
душ	シャワー
спальня	寝室
туалет	トイレ
стена	壁
ключ	鍵
ванна	浴槽
пол	床
туалетная бумага	トイレットペーパー
фотография (фото)	写真
зеркало	鏡
лампа	電灯
кухня	キッチン
вентилятор	換気扇
розетка	コンセント
газовая плита	ガスレンジ
холодильник	冷蔵庫
микроволновка	電子レンジ
столовая	ダイニングルーム
подвал	地下室
лестница	階段

Часть восьмая. Встреча 人と会う

文 法

▌動詞の変化 ①

● 現在形

人称と数によって変化します。

第1変化 ― 不定形（辞書の見出し語になる形）から -ть を取ったものに，語尾（-ю, -ешь, -ет, -ем, -ете, -ют）を添えます。

「читáть 読む」

	単数	複数
1人称	читáю	читáем
2人称	читáешь	читáете
3人称	читáет	читáют

第2変化 ― 不定形から -ть とその直前の母音を取ったものに，語尾（-ю, -ишь, -ит, -им, -ите, -ят）を添えます。

「говори́ть 話す」

	単数	複数
1人称	говорю́	говори́м
2人称	говори́шь	говори́те
3人称	говори́т	говоря́т

単数2人称以降で語幹にアクセントが移動する動詞があります。

「смотре́ть 見る」

	単数	複数
1人称	смотрю́	смо́трим
2人称	смо́тришь	смо́трите
3人称	смо́трит	смо́трят

Часть 9

Track 63-68

Часть девя́тая.
Тру́дные ситуа́ции トラブル

1. В поли́ции 警察署で

2. В больни́це 病院で

1 В полиции …… 警察署で

Track 63

Ступень1 リカは盗難に遭い，警察署に行きます。まずはCDを聴いてみましょう。

— Что случилось?
— У меня украли паспорт и кошелёк.

Рика приходит в полицейский участок.

— Вы можете выдать мне справку о краже?
— Да, конечно.

Рика спрашивает, могут ли ей выдать справку о краже.

— Напишите здесь своё имя и контактный адрес.

Полицейский просит Рику указать в специальном формуляре своё имя и контактный адрес.

— Где и каким образом это случилось?
— Когда я гуляла по Красной площади, какой-то молодой человек подошёл сзади и вырвал у меня сумочку.

Полицейский спрашивает об обстоятельствах происшествия.

🔑 重要表現を覚えましょう。
キーフレーズ

◇ У меня украли паспорт и кошелёк.
パスポートと財布を盗まれました。

◇ Вы можете выдать мне справку о краже?
盗難証明を発行していただけますか？

● Напишите здесь своё имя и контактный адрес.
ここにあなたのお名前と連絡先を記入してください。

◇ Когда я гуляла по Красной площади, какой-то молодой человек подошёл сзади и вырвал у меня сумочку.
赤の広場を歩いていたら，後ろから若い男性にハンドバッグをひったくられました。

Ступе́нь1 1 Track 63

— Како́й ужа́сный слу́чай!
— И не говори́те!
— Я в Росси́и уже́ во второ́й раз. До сих пор у меня́ бы́ли то́лько хоро́шие впечатле́ния. Как жа́лко!
— Да, действи́тельно оби́дно.

Полице́йский выража́ет Ри́ке своё сочу́вствие.

Ри́ка расстро́ена тем, что её впечатле́ние о Росси́и уху́дшилось.

— Не на́до из-за э́того пло́хо относи́ться к Росси́и. Несомне́нно, бу́дет ещё мно́го хоро́шего.
— Я наде́юсь.
— Как говори́тся, всё изме́нится к лу́чшему.
— Я в э́то ве́рю.

Полице́йский не хо́чет, чтобы Ри́ка пло́хо ду́мала о Росси́и.

Полице́йский призыва́ет к оптими́зму.

Часть девя́тая. Тру́дные ситуа́ции トラブル

- Како́й ужа́сный слу́чай!
  それはとんだ災難でしたね。

- Да, действи́тельно оби́дно.
  お気の毒です。

- Как говори́тся, всё изме́нится к лу́чшему.
  「禍を転じて福となす」とも言いますし……。

1 В полиции

Track 64

Ступень2 今度はリカになって言ってみましょう。

— Что случилось?

— Да, конечно.

Рика приходит в полицейский участок.

Рика спрашивает, могут ли ей выдать справку о краже.

— Напишите здесь своё имя и контактный адрес.

— Где и каким образом это случилось?

Полицейский просит Рику указать в специальном формуляре своё имя и контактный адрес.

Полицейский спрашивает об обстоятельствах происшествия.

被害に遭った時に使う表現を覚えましょう。

応用表現

Track 65

◇ Держите вора! 泥棒！

◇ Помогите! 助けて！

◇ Кто-нибудь, позвоните в полицию!
誰か警察に電話してください！

◇ Позовите скорую помощь!
救急車を呼んでください！

● Вы запомнили приметы преступника?
犯人の特徴は覚えていますか？

◇ Это был бритоголовый молодой человек ростом примерно метр 80 (восемьдесят).
身長180センチくらいのスキンヘッドの若者でした。

Ступе́нь2 **1** Track 64

| Како́й ужа́сный слу́чай! | |  Да, действи́тельно оби́дно. |

Полице́йский выража́ет Ри́ке своё сочу́вствие.

Ри́ка расстро́ена тем, что её впечатле́ние о Росси́и уху́дшилось.

| Не на́до из-за э́того пло́хо относи́ться к Росси́и. Несомне́нно, бу́дет ещё мно́го хоро́шего. | | Как говори́тся, всё изме́нится к лу́чшему. |

Полице́йский не хо́чет, что́бы Ри́ка пло́хо ду́мала о Росси́и.

Полице́йский призыва́ет к оптими́зму.

Часть девя́тая. Тру́дные ситуа́ции トラブル

◇ Э́то был мужчи́на о́коло 30 (тридцати́) лет, сре́днего ро́ста и сре́днего телосложе́ния.
中肉中背の30歳くらいの男性でした。

● Ско́лько приме́рно де́нег бы́ло в укра́денном кошельке́?
盗まれた財布に入っていたお金はいくらくらいですか？

◇ Я ду́маю, приме́рно 3.500 (три ты́сячи пятьсо́т) рубле́й.
3,500ルーブルくらい入っていたと思います。

● У вас нет теле́сных повреждéний?
怪我はありませんか？

◇ К сча́стью, теле́сных повреждéний у меня́ нет.
幸い，怪我はありません。

◇ У меня́ цара́пина.
かすり傷を負いました。

1 警察署で

- イラスト1　リカは警察署に行きます。
  - 警察官　：　どうかしましたか？
  - リカ　　：　パスポートと財布を盗まれました。

- イラスト2　リカは盗難証明を発行してもらえるか尋ねます。
  - リカ　　：　盗難証明を発行していただけますか？
  - 警察官　：　ええ，もちろんです。

- イラスト3　警察官は所定の用紙に氏名と連絡先を記入するように指示します。
  - 警察官　：　ここにあなたのお名前と連絡先を記入してください。

- イラスト4　警察官は被害に遭った時の様子を尋ねます。
  - 警察官　：　どこでどんなふうに被害に遭いましたか？
  - リカ　　：　赤の広場を歩いていたら，後ろから若い男性にハンドバックをひったくられました。

- イラスト5　警察官はリカに同情します。
  - 警察官　：　それはとんだ災難でしたね。
  - リカ　　：　ええ，まったく。

- イラスト6　リカはロシアの印象が悪くなったとこぼします。
  - リカ　　：　ロシアは今回で2度目ですが，これまでずっといい思い出ばかりだったので，本当に残念です。
  - 警察官　：　お気の毒です。

- イラスト7　警察官はリカにロシア嫌いにならないでほしいと言います。
  - 警察官　：　これでロシアを嫌いにならないでください。またきっといいこともあるはずです。
  - リカ　　：　そう願いたいです。

- イラスト8　警察官はプラス思考を強調します。
  - 警察官　：「禍を転じて福となす」とも言いますし……。
  - リカ　　：　その言葉を信じましょう。

知ってお得なロシア情報

日本では，ロシアは治安が悪いという根強いイメージがあるようです。しかし，治安は西側と同程度，あるいはそれより少し悪い程度で，特別ロシアが問題の多い国とは言えません。もっとも，日本の常識が通じないことも事実です。ロシアでスリや強盗の類に遭っている日本人が少なくないことからも，日本にいる時の数倍は用心してかかる必要があります。

ウエストポーチに貴重品を入れて持ち運ばない，混雑した交通機関を利用する時は，体の前で鞄を抱え込むようにして持つ，などの自衛策が必要です。

何事も，転ばぬ先の杖です。

ボキャブラリー

поли́ция 警察	убежа́ть 逃げる
полице́йский уча́сток 警察署	престу́пник 犯人
патру́льная маши́на パトカー	вино́вник 加害者
укра́сть 盗む	потерпе́вший 被害者
арестова́ть 逮捕する	свиде́тель 目撃者
доро́жно-тра́нспортное происше́ствие (ДТП) 交通事故	подозрева́емый 容疑者
пистоле́т ピストル	уби́йство 殺人
карма́нник スリ	нападе́ние 暴行
моше́нник 詐欺師	магази́нная кра́жа 万引き
ограбле́ние 強盗	изнаси́лование 強姦

2 В больни́це ····· 病院で

Track 66

Ступе́нь1 病院で診察を受けるシーンです。まずはCDを聴いてみましょう。

— На что жа́луетесь?
— В после́дние два-три дня у меня́ пробле́мы с желу́дком и боли́т голова́.

Врач спра́шивает Рику о её состоя́нии.

— Вы е́ли что́-нибудь несве́жее?
— Нет, ничего́ тако́го.

Врач спра́шивает Рику, не е́ла ли она́ что́-нибудь несве́жее.

— Дава́йте изме́рим пульс.
— Пожа́луйста.

— Пульс норма́льный.

Врач измеря́ет Рике пульс.

— Я вам изме́рю давле́ние.
— Ну как?

— То́же норма́льное.

Врач измеря́ет Рике кровяно́е давле́ние.

🔑 重要表現を覚えましょう。
キーフレーズ

- Вы е́ли что́-нибудь несве́жее?
  何かよくないものでも口にしましたか？
- Дава́йте изме́рим пульс.
  脈を診てみましょう。
- Откро́йте широко́ рот.
  口を大きく開けてください。
- У вас воспалены́ минда́лины.
  扁桃腺が腫れていますね。
- Не волну́йтесь.
  心配いりません。
- Вы должны́ оди́н-два дня споко́йно побы́ть до́ма, тогда́ ста́нет лу́чше.
  家で1日、2日も安静にしていれば、良くなります。

Ступень1 2 Track 66

> Давайте измерим температуру.

> Я думаю, что у меня довольно большая температура.

> Откройте широко рот. У вас воспалены миндалины.

> Доктор, это не страшно?

> Действительно, 38,5 (тридцать восемь и пять).

Врач просит Рику измерить температуру.

Врач осматривает горло Рики.

> Не волнуйтесь. Это грипп. Я сделаю вам укол. Вы должны один-два дня спокойно побыть дома, тогда станет лучше.

> Большое спасибо.

> Я пропишу вам лекарства, обязательно принимайте их после каждого приёма пищи.

> Всё понятно.

Врач говорит Рике, чтобы она некоторое время спокойно побыла дома.

Врач говорит Рике, чтобы она обязательно после еды принимала лекарства.

- Я пропишу вам лекарства, обязательно принимайте их после каждого приёма пищи.
  薬を処方しておきますので，毎食後必ず飲んでください。

Часть девятая. Трудные ситуации トラブル

175

2 В больни́це

Track 67

Ступе́нь2 今度はリカになって診察を受けてみましょう。

На что жа́луетесь?

Врач спра́шивает Ри́ку о её состоя́нии.

Вы е́ли что́-нибудь несве́жее?

Врач спра́шивает Ри́ку, не е́ла ли она́ что́-нибудь несве́жее.

Дава́йте изме́рим пульс.

Пульс норма́льный.

Врач измеря́ет Ри́ке пульс.

Я вам изме́рю давле́ние.

То́же норма́льное.

Врач измеря́ет Ри́ке кровяно́е давле́ние.

診察の際役に立つ表現を覚えましょう。
応用表現

Track 68

- Что у вас боли́т?
  どこが痛みますか？
- У меня́ боли́т голова́.
  頭痛がします。
- У меня́ кру́жится голова́.
  めまいがします。
- Меня́ тошни́т.
  吐き気がします。
- У меня́ звени́т в уша́х.
  耳鳴りがします。
- У меня́ поно́с.
  下痢が止まりません。
- Ну́жно лечь в больни́цу.
  入院しなければなりません。

Ступе́нь2 **2** Track 67

Дава́йте изме́рим температу́ру.

Действи́тельно, 38,5 (три́дцать во́семь и пять).

Врач про́сит Ри́ку изме́рить температу́ру.

Откро́йте широко́ рот. У вас воспалены́ минда́лины.

Врач осма́тривает го́рло Ри́ки.

Не волну́йтесь. Это грипп. Я сде́лаю вам уко́л. Вы должны́ оди́н-два дня споко́йно побы́ть до́ма, тогда́ ста́нет лу́чше.

Врач говори́т Ри́ке, что́бы она́ не́которое вре́мя споко́йно побыла́ до́ма.

Я пропишу́ вам лека́рства, обяза́тельно принима́йте их по́сле ка́ждого приёма пи́щи.

Врач говори́т Ри́ке, что́бы она́ обяза́тельно по́сле еды́ принима́ла лека́рства.

◇ Вы мне мо́жете вы́писать реце́пт?
処方箋を出していただけますか？

◇ Я вы́вихнул (вы́вихнула) пра́вую но́гу.
右足を捻挫しました。

● Кака́я у вас гру́ппа кро́ви?
血液型は何型ですか？

◇ Гру́ппа А / В / АВ / О.
A型 / B型 / AB型 / O型です。

Часть девя́тая. Тру́дные ситуа́ции トラブル

177

2 病院で

- イラスト1　医師はリカに容態を尋ねます。
  - 医師　：　どうしましたか？
  - リカ　：　この2, 3日お腹の調子が悪くて……。それに頭痛も。

- イラスト2　医師はリカに，何かよくないものを食べたかと尋ねます。
  - 医師　：　何かよくないものでも口にしましたか？
  - リカ　：　いいえ，特に何も。

- イラスト3　医師はリカの脈を診ます。
  - 医師　：　脈を診てみましょう。
  - リカ　：　お願いします。
  - 医師　：　正常ですね。

- イラスト4　医師はリカの血圧を測ります。
  - 医師　：　血圧を測ってみましょう。
  - リカ　：　どうですか？
  - 医師　：　こちらも正常です。

- イラスト5　リカは医師に体温を測るように言われます。
  - 医師　：　熱を測ってみましょう。
  - リカ　：　かなりあると思います。
  - 医師　：　確かに。38度5分もあります。

- イラスト6　医師はリカの口腔の様子を診ます。
  - 医師　：　口を大きく開けてください。扁桃腺が腫れていますね。
  - リカ　：　先生，大丈夫でしょうか？

- イラスト7　医師はリカに，しばらく家で安静にするようにと言います。
  - 医師　：　心配いりません。インフルエンザです。注射をします。家で1日，2日も安静にしていれば，良くなります。
  - リカ　：　ありがとうございます。

- イラスト8　リカは毎食後必ず薬を飲むように言われます。
  - 医師　：　薬を処方しておきますので，毎食後必ず飲んでください。
  - リカ　：　わかりました。

知ってお得なロシア情報

外国で病気にかかったり，怪我をしたりすることほど辛いものはありません。体調を崩した場合，もしホテルに宿泊しているならば，フロントを通じて医師を手配してもらいましょう。状況次第では救急車を呼んでもらうことにもなります。不測の事態に備え，最低でも海外旅行保険には入っておきましょう。

ごく一部の薬を除いては，薬局で処方箋（рецéпт）なしでは薬を購入できません。持病のある人は，日本から薬を持って行く必要があります。

ボキャブラリー

больни́ца　病院
врач　医師
медсестра́　（女性）看護師
обсле́дование у врача́　診察
больно́й　患者
медици́нская ка́рта　カルテ
боле́знь　病気
лече́ние　治療
лечь в больни́цу　入院する
воспале́ние минда́лин　扁桃腺炎
воспале́ние лёгких　肺炎
аппендици́т　虫垂炎
рак　がん
желту́ха　黄疸
цирро́з пе́чени　肝硬変
са́харный диабе́т　糖尿病
инфа́ркт мо́зга　脳梗塞

вы́писаться из больни́цы　退院する
уко́л　注射
рентге́н　レントゲン
опера́ция　手術
ана́лиз мочи́　検尿
ана́лиз ка́ла　検便
просту́да　風邪
грипп　インフルエンザ
инфа́ркт миока́рда　心筋梗塞
ожо́г　火傷
уши́б　打撲傷
сезо́нная аллерги́я　花粉症
терапе́вт　内科医
слухово́й аппара́т　聴診器
лека́рство　薬

イラスト辞書 Словарь с иллюстрациями

полице́йский уча́сток 警察署

ско́рая по́мощь 救急車

патру́льная маши́на パトカー

же́нщина-полице́йский 婦人警官

носи́лки 担架

полице́йский 警察官

полице́йская соба́ка 警察犬

180

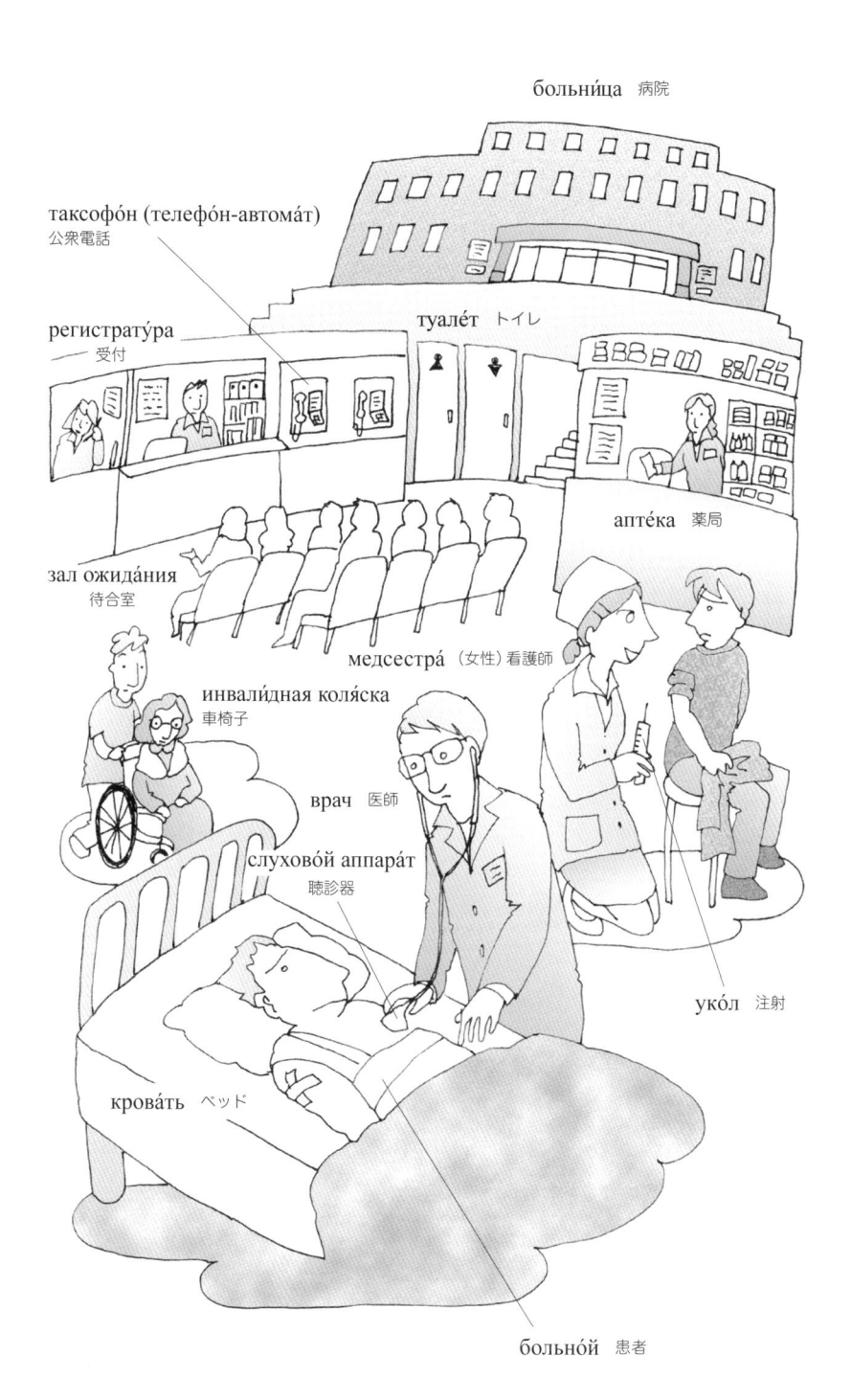

больни́ца 病院

таксофо́н (телефо́н-автома́т)
公衆電話

регистрату́ра
受付

туале́т トイレ

апте́ка 薬局

зал ожида́ния
待合室

медсестра́ （女性）看護師

инвали́дная коля́ска
車椅子

врач 医師

слухово́й аппара́т
聴診器

уко́л 注射

крова́ть ベッド

больно́й 患者

Часть девя́тая. Тру́дные ситуа́ции トラブル

文 法

▎動詞の変化 ②

●過去形

男性単数, 女性単数, 中性単数, 複数の4つの形があります。人称による変化はありません。不定形から -ть を取ったものに, 語尾 (-л, -ла, -ло, -ли) を添えます。

「читáть　読む」

男性単数	читáл
女性単数	читáла
中性単数	читáло
複数	читáли

アクセントの移動する動詞があります。

「спать　眠る」

男性単数	спал
女性単数	спалá
中性単数	спáло
複数	спáли

●不完了体と完了体

ロシア語の動詞には不完了体と完了体の別があります。完了体は動作の完了に重きをおいて捉えるのに対し, 不完了体は動作が完了したか否かには関心がなく, 動作を一般的な過程として捉えます。多くの動作について, 不完了体と完了体のペアが存在します。

不完了体	完了体
читáть	прочитáть
смотрéть	посмотрéть

●未来形

完了体動詞の現在変化は, 発話の時点よりも後で完結する動作に言及するので, 実際は未来のことを述べています。一方, 不完了体動詞の未来形は, быть の未来形と不定形を合わせて表します。

	単数	複数
1人称	бýду читáть	бýдем читáть
2人称	бýдешь читáть	бýдете читáть
3人称	бýдет читáть	бýдут читáть

быть「ある, いる, …である」以外の不完了体動詞には, 本来の未来変化が存在しません。

付録

個数詞（Коли́чественные числи́тельные）

1	оди́н	27	два́дцать семь
2	два	28	два́дцать во́семь
3	три	29	два́дцать де́вять
4	четы́ре	30	три́дцать
5	пять	31	три́дцать оди́н
6	шесть	32	три́дцать два
7	семь	40	со́рок
8	во́семь	50	пятьдеся́т
9	де́вять	60	шестьдеся́т
10	де́сять	70	се́мьдесят
11	оди́ннадцать	80	во́семьдесят
12	двена́дцать	90	девяно́сто
13	трина́дцать	100	сто
14	четы́рнадцать	200	две́сти
15	пятна́дцать	300	три́ста
16	шестна́дцать	400	четы́реста
17	семна́дцать	500	пятьсо́т
18	восемна́дцать	600	шестьсо́т
19	девятна́дцать	700	семьсо́т
20	два́дцать	800	восемьсо́т
21	два́дцать оди́н	900	девятьсо́т
22	два́дцать два	1.000	ты́сяча
23	два́дцать три	2.000	две ты́сячи
24	два́дцать четы́ре	10.000	де́сять ты́сяч
25	два́дцать пять	100.000	сто ты́сяч
26	два́дцать шесть	1.000.000	миллио́н

年号（Го́ды）

1945年　ты́сяча девятьсо́т со́рок пя́тый год
2012年に　в две ты́сячи двена́дцатом году́

時刻（Вре́мя）

何時ですか？　Ско́лько вре́мени?

1時です。　Час.

2時です。　Два часа́.

3時10分です。

Три часа́ де́сять мину́т (Де́сять мину́т четвёртого).

4時15分です。

Четы́ре часа́ пятна́дцать мину́т (Че́тверть пя́того).

5時半です。

Пять часо́в три́дцать мину́т (Полшесто́го).

6時45分です。

Шесть часо́в со́рок пять мину́т (Без че́тверти семь).

7時50分です。

Семь часо́в пятьдеся́т мину́т (Без десяти́ во́семь).

コンサートは何時に始まりますか？　Во ско́лько начина́ется конце́рт?
20時に始まります。　В два́дцать часо́в.

銀行は何時に開いて，何時に閉まりますか？　Во ско́лько открыва́ется банк и во ско́лько он закрыва́ется?
9時から18時まで開いています。　Он рабо́тает с девяти́ утра́ до восемна́дцати.

順序数詞（Поря́дковые числи́тельные）

1番目の	пе́рвый	16番目の	шестна́дцатый
2番目の	второ́й	17番目の	семна́дцатый
3番目の	тре́тий	18番目の	восемна́дцатый
4番目の	четвёртый	19番目の	девятна́дцатый
5番目の	пя́тый	20番目の	двадца́тый
6番目の	шесто́й	21番目の	два́дцать пе́рвый
7番目の	седьмо́й	22番目の	два́дцать второ́й
8番目の	восьмо́й	30番目の	тридца́тый
9番目の	девя́тый	40番目の	сороково́й
10番目の	деся́тый	50番目の	пятидеся́тый
11番目の	оди́ннадцатый	60番目の	шестидеся́тый
12番目の	двена́дцатый	70番目の	семидеся́тый
13番目の	трина́дцатый	80番目の	восьмидеся́тый
14番目の	четы́рнадцатый	90番目の	девяно́стый
15番目の	пятна́дцатый	100番目の	со́тый

全部	всё		半分	полови́на
3分の1	одна́ треть		4分の1	одна́ че́тверть
5分の1	одна́ пя́тая		6分の1	одна́ шеста́я
7分の1	одна́ седьма́я		8分の1	одна́ восьма́я
9分の1	одна́ девя́тая		10分の1	одна́ деся́тая

月 (Ме́сяцы)

1	1月	янва́рь		**7**	7月	ию́ль
	1月に	в январе́			7月に	в ию́ле
2	2月	февра́ль		**8**	8月	а́вгуст
	2月に	в феврале́			8月に	в а́вгусте
3	3月	март		**9**	9月	сентя́брь
	3月に	в ма́рте			9月に	в сентябре́
4	4月	апре́ль		**10**	10月	октя́брь
	4月に	в апре́ле			10月に	в октябре́
5	5月	май		**11**	11月	ноя́брь
	5月に	в ма́е			11月に	в ноябре́
6	6月	ию́нь		**12**	12月	дека́брь
	6月に	в ию́не			12月に	в декабре́

今日は何月何日ですか？　Како́й сего́дня ме́сяц и число́?

今日は3月23日です。　Сего́дня два́дцать тре́тье ма́рта.

彼女の誕生日は1月22日です。　Её день рожде́ния – два́дцать второ́е января́.

彼は1995年8月20日に生まれました。　Он роди́лся двадца́того а́вгуста ты́сяча девятьсо́т девяно́сто пя́того го́да.

曜日 (Дни неде́ли)

月	月曜日	понеде́льник		**金**	金曜日	пя́тница
	月曜日に	в понеде́льник			金曜日に	в пя́тницу
火	火曜日	вто́рник		**土**	土曜日	суббо́та
	火曜日に	во вто́рник			土曜日に	в суббо́ту
水	水曜日	среда́		**日**	日曜日	воскресе́нье
	水曜日に	в сре́ду			日曜日に	в воскресе́нье
木	木曜日	четве́рг				
	木曜日に	в четве́рг				

季節 (Времена́ го́да)

春 весна́
春に весно́й

夏 ле́то
夏に ле́том

秋 о́сень
秋に о́сенью

冬 зима́
冬に зимо́й

天気（Погóда）

今日はよい天気です。　Сегóдня хорóшая погóда.
曇っています。　Óблачно.
雨が降っています。　Идёт дождь.
雪が降っています。　Идёт снег.
暑いです。　Жáрко.
蒸し暑いです。　Дýшно.
とても寒いです。　Óчень хóлодно.
今日は風がとても強いです。　Сегóдня óчень сИльный вéтер.
涼しいです。　Прохлáдно.
気温は25度です。　Температýра вóздуха — двáдцать пять грáдусов.

方角（Стрáны свéта）

東　востóк
東で　на востóке

西　зáпад
西で　на зáпаде

南　юг
南で　на юге

北　сéвер
北で　на сéвере

身体の部位（Части тела）

- 頭 голова́
- 鼻 нос
- 背中 спина́
- 足 нога́ (но́ги)
- 尻 ягоди́цы
- 髪の毛 во́лос (во́лосы)
- 顔 лицо́
- 首 ше́я
- くるぶし лоды́жка (лоды́жки)
- 腕 рука́ (ру́ки)
- 腹 живо́т
- 腰 пояснир́ца
- 耳 у́хо (у́ши)
- 目 глаз (глаза́)
- 歯 зуб (зу́бы)
- 口 рот
- 唇 губа́ (гу́бы)
- 肌 ко́жа
- 手 рука́ (ру́ки) (кисть руки́)
- 膝 коле́но (коле́ни)
- かかと пя́тка (пя́тки)
- つま先 носо́к (носки́)
- 指 па́лец (па́льцы)
- 肘 ло́коть (ло́кти)
- 爪 но́готь (но́гти)

形容詞・副詞（Прилага́тельные и наре́чия）

| 大きい
большо́й | ↔ | 小さい
ма́ленький | 速い
бы́стрый | ↔ | 遅い
ме́дленный |

| 厚い
то́лстый | ↔ | 薄い
то́нкий | 太い
то́лстый | ↔ | 細い
то́нкий |

| 多い
мно́го | ↔ | 少ない
ма́ло | 太った
то́лстый | ↔ | やせた
худо́й |

| 長い
дли́нный | ↔ | 短い
коро́ткий | 空の
пусто́й | ↔ | いっぱいの
по́лный |

| 正しい
пра́вильный | ↔ | 間違った
оши́бочный | 左に
нале́во | ↔ | 右に
напра́во |

高い	低い	新しい	古い
высо́кий ↔	ни́зкий	но́вый ↔	ста́рый

開いた	閉まった	熱い	冷たい
откры́тый ↔	закры́тый	горя́чий ↔	холо́дный

暑い	寒い	同じ	異なった
жа́ркий ↔	холо́дный	тако́й же ↔	друго́й

可能な	不可能な	前に	後に
возмо́жный ↔	невозмо́жный	спе́реди ↔	сза́ди

上に	下に	きれいな	汚い
све́рху ↔	сни́зу	чи́стый ↔	гря́зный

著者紹介

渡辺克義(わたなべ・かつよし)
1960年，新潟県生まれ。東京外国語大学ロシア語学科卒。東京大学大学院博士課程（スラヴ語スラヴ文学）修了。博士（文学）。日本学術振興会特別研究員を経て，現在，山口県立大学専任教員。主要著書：『ロシア人が日本人によく聞く100の質問』（共著，三修社，2012年）『ゼロから話せるポーランド語』（三修社，2006年）『ロシア語中級読本』（共編著，東洋書店，2002年）

ヴァレリー・グレチュコ（Валерий Гречко）
1964年，スモレンスク（ロシア）生まれ。ミンスク外国語大学卒。ボッフム大学（ドイツ）で博士号取得。1999年に日本学術振興会外国人特別研究員として来日。現在，東京大学，早稲田大学等非常勤講師。主要著書・訳書：『ロシア人が日本人によく聞く100の質問』（共著，三修社，2012年）『ロシア文化の方舟 ── ソ連崩壊から二〇年』（共編著，東洋書店，2011年）ダニイル・ハルムス著『ハルムスの世界』（共訳，ヴィレッジブックス，2010年）

CD付
ロシア語(ご)スピーキング

2014年10月10日　第1刷発行

著　者	──	渡辺克義
		ヴァレリー・グレチュコ
発行者	──	前田俊秀
発行所	──	株式会社三修社

　　　　　〒150-0001　東京都渋谷区神宮前2-2-22
　　　　　TEL　03-3405-4511
　　　　　FAX　03-3405-4522
　　　　　振替　00190-9-72758
　　　　　http://www.sanshusha.co.jp
　　　　　編集担当　山本 拓

印刷製本 ── 壮光舎印刷株式会社
CD製作　── 株式会社メディアスタイリスト

© Katsuyoshi Watanabe, Valerij Gretchko 2014 Printed in Japan
ISBN978-4-384-05716-4 C1087

カバーデザイン ── 土橋公政
本文イラスト ── 浅山友貴
本文組版　　── ME TIME LLC

R〈日本複製権センター委託出版物〉

本書を無断で複写複製（コピー）することは，著作権法上での例外を除き，禁じられています。本書をコピーされる場合は，事前に日本複製権センター（JRRC）の許諾を受けてください。
JRRC <http://www.jrrc.or.jp　e-mail: info@jrrc.or.jp　TEL: 03-3401-2382>